A. Richard Müller-Flein

Unsere wahre Bestimmung
Vom Diesseits und Jenseits des Lebens

A. RICHARD MÜLLER-FLEIN

UNSERE WAHRE BESTIMMUNG

VOM DIESSEITS UND JENSEITS
DES LEBENS

HEINRICH SCHWAB VERLAG
LEBENSWEISER-EDITION
GELNHAUSEN

Alle Rechte vorbehalten
Abdruck und jegliche Wiedergabe, auch auszugsweise,
nur mit Genehmigung des Verlages.
© 1963 Heinrich Schwab Verlag, Gelnhausen
Druck: Schwab-Druck, Gelnhausen
Printed in Germany

Meiner treuen Lebensgefährtin zugeeignet

INHALTSVERZEICHNIS

Vorwort	9
I. Einleitung	21
Erkenntnistheoretisches	23
Materie und Geist	27
Geistigkeit der Welt	31
Gottesbeweis, Kausalität und Prophetie	36
Über die Willensfreiheit	42
Raum, Bewußtsein, Urgrund und Urbewußtsein	56
Das Rätsel der Bewegung	62
II. Einleitung	65
Diesseits und Jenseits und das Okkulte	69
Seele und Geist	82
Das Ewige und wir	88
Wiedergeburt und Wiedervergeltung	92
Die Aufgabe des Menschen und die Rolle des deutschen Volkes	105
Das Weltenschauspiel	110
Zufall oder Absicht?	117
Vom Sinn des Lebens	122
„Gott will Götter"	123
Schluß	126

Vorwort

Leitspruch:

„Lerne entsagen,
Folge dem Unsichtbaren!"

Philosophie ist das Bemühen, durch Auffinden und Lösen von Lebensproblemen, sowie durch Sichtung und Verknüpfung der Erkenntnisse der Einzelwissenschaften und der Erfahrungen aus dem praktischen Leben Klarheit über sich und die Welt zu gewinnen und diese Klarheit in einem geschlossenen, weltanschaulichen System auszudrücken, also eine Überschau über die Gesamtwirklichkeit zu erhalten. Alles andere ist nur Philosophieren.

Die folgenden Ausführungen sind jedoch nur ein Ausschnitt aus einem solchen System. Der Fachphilosoph wird daran wohl manches auszusetzen haben, weil vielleicht manche Brücken zu schnell geschlagen werden; aber ich möchte meinen Lesern nicht nur Steine geben, sondern auch Brot.

Die Frage nach Sinn und Ziel des Daseins ist jedem Menschen angeboren. Allerdings ist diese Anlage bei sehr vielen Menschen verkümmert, wenn nicht gar ganz verschüttet. Solche Menschen leben eben in den Tag hinein. „Suchet, so werdet ihr finden!", heißt es. Wer keinen Sinn sucht, wird wohl kaum einen finden.

Nachdem nun umwälzende wissenschaftliche Erkenntnisse, die tief in das Glaubensgebäude der Kirchen eingedrungen sind, immer mehr die Sinndeutung der Kirchen fragwürdig gemacht haben, ist eine neue Sinndeutung erforderlich geworden; denn Glauben und Wissen dürfen sich nicht überschneiden, sonst entstehen verhängnisvolle geistige Spannungen, bei denen gerne das Kind mit dem Bade ausgeschüttet wird, wie wir in der Gegenwart erleben, d.h. viele Menschen glauben dann überhaupt nichts mehr.

Ohne Sinndeutung bleibt unser Tun und Treiben verworren, und Geschichte, die doch durch uns Menschen wird, wie auch unser Dasein erscheinen dann sinnlos.

Man glaube aber nicht, einer Sinnfindung durch mittelbaren oder unmittelbaren Glaubenszwang oder gar durch Unterdrückung Andersgläubiger nachhelfen zu müssen; denn sonst entsteht Heuchelei oder Widerstand!

Wenn ein Teil der heutigen Jugend zu Ausschreitungen und Unbeherrschtheiten aller Art neigt, so sollten sich in erster Linie diejenigen Berufenen die Schuld hieran zuschreiben, die unter Vernachlässigung der Erziehungs- und Bildungsmöglichkeiten der Jugend keine bindenden Ideale mehr geben oder zu geben vermögen und die zusehen, wie eine verantwortungslose, aber geschäftstüchtige Vergnügungs- und Unterhaltungsindustrie den Geist der Jugend durch schlechte Darbietungen verdirbt, weil eben Gedanken und Vorstellungen Kräfte sind, die sich im Guten wie im Bösen zu verwirklichen suchen. Ein indischer Spruch lautet: „Was du denkst, das wirst du."

Die Jugend braucht nun einmal für ihren Gefühlsüberschwang ein Bett, in das er sich ergießen kann, und das sind Ideale.

Nebenbei gesagt, üben Darbietungen, welche die Jugend gefährden, auch auf die Erwachsenen einen schlechten Einfluß aus. Man denke nur an die Nachtlokale!

Was unserer Jugend fehlt, ist ein Unterricht in Lebenskunde, der Leibes-, Seelen- und Geisteshygiene einbezieht, sowie eine Erziehung im Sinne der Schillerschen Losung: „Ans Vaterland, ans teure, schließ dich an,/Das halte fest mit deinem ganzen Herzen./Hier sind die starken Wurzeln deiner Kraft;" usw.

Diese Forderung und Erkenntnis, die ganz im Sinne der Natur liegt, muß die maßgebende Grundlage und Richtschnur aller innen-, zwischen- und überstaatlichen Angelegenheiten und Bindungen sein; dann stehen die Dinge im richtigen Verhältnis zueinander. Auch der Weg zum Weltbürgertum führt nur durch das eigene Volk hindurch, soll ersteres nicht ein blutleeres Gebilde sein, das der natürlichen Wurzeln entbehrt.

Ebensowenig kann die Kunst und die Literatur dieser Wurzeln entbehren. Man könnte meinen, es seien Kräfte am Werk, die bodenständigen Kulturen der einzelnen Völker systematisch zu zerstören, wenn man die gegenwärtigen Erzeugnisse in Kunst und Literatur im Leben der Völker betrachtet. Doch dürfte die Nichtbewältigung des technischen Zeitalters infolge des Versagens veralteter Weltanschauungen die tiefere Ursache für den allgemeinen kulturellen Niedergang der Völker sein. „An ihren Früchten sollt ihr sie erkennen!"

Es ist allerdings falsch, von entarteter Kunst zu sprechen; denn nicht die Kunst kann entarten, wohl aber die Künstler. Sie sollten nicht nur mit dem Verstand und aus dem Zeitgeist heraus gestalten — um den es zur Zeit sehr schlecht bestellt ist —, sondern darüber hinaus Kulturwerte schaffen, indem sie durch ihre Werke aus echter Intuition heraus und mit feinem Gespür für das Zukünftige die Menschen erbauen, erheben und notfalls erschüttern.

Echte Kunst gestaltet auch nicht bewußt nach dem Vorbild bestimmter „Ismen" — das tun die Könner, aber nicht die Künstler —, sondern sie äußert sich bei ihrem Zeugungsakt jeweils spontan in der ihr gemäßen Form, d.h. sie gebiert die Form mit.

Der Künstler soll in erster Linie von Seele zu Seele reden und erst in zweiter Linie auch den Kunstverstand ansprechen, der der breiten Masse doch fehlt; denn der tiefere Sinn und die ursprüngliche Aufgabe der Kunst in ihrer höchsten Form ist, ohne Bemühung des Verstandes das Gemüt zu beeindrucken. Deshalb ist auch Musik die unmittelbarste Kunstform.

Solange die heutigen Künstler und Literaten diese Forderungen aber nicht erfüllen, muß man die Jugend eben zu den Werken der Klassiker und Nachklassiker hinführen, damit sie sich an diesen orientieren kann. Was die Dichtung anbelangt, ist hierbei vor allem auf Goethe, Schiller und Hölderlin zu verweisen.

Zu allen diesen Mißständen kommt, daß die durch Kino, Zeitschriften und Fernsehgerät erzeugte Bilderflut die Menschen ganz allgemein denkfaul macht und dadurch ihre geistige Leistungsfähigkeit herabsetzt.

Das Abendland hat überhaupt versäumt, seine Menschen zur restlosen Selbstverantwortung und zur Selbstbeherrschung zu erziehen, so daß sie den Lockungen der Zivilisation ohnmächtig ausgeliefert sind.

Ohne neue Sinnfindung läßt sich auch in diesen Fällen keine wirksame Abhilfe schaffen.

Die Grenzen unseres Erkenntnisvermögens sind zwar weiter hinausgeschoben worden; aber die geistige und vor allem die sittliche Entwicklung haben mit Forschung und Technik nicht Schritt gehalten, weil die Kirchen ihrer Aufgabe, das metaphysische Bedürfnis der Menschen zu befriedigen, infolge ihrer starren dogmatischen Haltung nicht mehr vollauf gerecht werden können und weil auch die Philosophen aus mancherlei Gründen in der Erziehung des Volkes versagt haben.

So ist weithin eine seelische und geistige Unterernährung entstanden, die den Menschen haltlos macht und dem Zweifel und der Angst anheimfallen läßt, an deren Ende entweder Zynismus oder Verzweiflung stehen, und so konnte die Zivilisation, die doch lediglich Grundlage für die Entfaltungsmöglichkeit der Kultur sein soll, dem Menschen über den Kopf wachsen und Selbstzweck werden. Der Mensch verfiel der Äußerlichkeit und dem Sinnengenuß. Wenn der Mensch aber den Sinnen verhaftet ist, kann er seiner Aufgabe, Bannerträger des Geistes zu sein, nicht nachkommen, weil dann das Einströmen schöpferischer Kräfte verhindert oder mindestens erschwert wird.

Die Nichtbeachtung dieses Umstandes führt dann zwangsläufig, vor allem bei den mehr introvertierten — das sind die nach innen gerichteten — Menschen mit der Zeit zu körperlichen und seelischen Zusammenbrüchen.

Leib, Seele und Geist müssen eben gleichermaßen zu ihrem Recht kommen. Wo die Seele aber hungert, da frißt der Leib und der Geist kann sich nicht zu hohen Zielen aufmachen.

Je mehr die Menschen selbstsüchtigen Interessen nachgehen und Leidenschaften und Trieben frönen, um so gottesferner sind sie trotz aller äußerlichen Frömmigkeit.

Seit die Kirchen ihren Einfluß auf das Kulturleben mehr oder weniger verloren haben, gibt es keine einheitliche geistige Instanz mehr und die Menschen leben wie Kinder, deren Eltern sich nicht um ihre Erziehung kümmern, d.h. sie entarten bei allem zivilisatorischen Fortschritt.

Wir dürfen nicht außer acht lassen, daß alle wissenschaftlichen Erkenntnisse und alle Erfindungen im Dienst der Höherentwicklung der Menschheit zu stehen haben.

Wir sind sehr, sehr weit von unserer Mitte abgekommen. Wir ruhen nicht mehr in uns selbst — wir sind nicht mehr uns selbst, d.h. unserem Selbst gleich, nicht mehr in Harmonie mit ihm — und haben dadurch die Verbindung mit dem tragenden Urgrund in uns verloren. Wir jagen den Zerstreuungen nach, anstatt in unserer Freizeit in die Stille zu gehen und uns auf uns selbst zu besinnen.

Diesen Verlust an innerer Verbundenheit und Geborgenheit, der die Gottlosigkeit und die Tragik des abendländischen Menschen offenkundig macht und immer mehr zum Verlust seiner inneren Freiheit führt, kann kein Lippenbekenntnis und keine Weltanschauung ersetzen; es sei denn, letztere stellte die Verbindung mit dem göttlichen Urgrund in uns bewußt wieder her.

Einmal vom rechten Weg abgekommen, ist es aber sehr schwer, dahin zurückzufinden. Und doch hängt von dieser Umkehr unsere Zukunft ab; denn es ist kein Zweifel, daß sich das Abendland in einem kulturellen Niedergang befindet. Ob er endgültig oder nur als Umbruch zu werten ist, wird die Zukunft lehren.

Das Bedenkliche dabei ist, daß das letzte und stärkste Bollwerk der Familie und des Volkes, nämlich die Frau, allmählich in den Sog des Verfalls hineingezogen wird und sich die Familienbande zu lösen beginnen.

Nun heißt es wohl: „Der Geist" — nämlich der Urgeist — „weht, wo er will". Hinter diesem Wehen steckt aber ein geheimes Gesetz: er bedarf nämlich zu seinem Wirken der geeigneten, aufnahmefähigen Körper, in die er sich versenken kann. Wir haben aber innerhalb von etwa dreißig Jahren in zwei äußerst blutigen Kriegen den größten Teil unserer geistigen Oberschicht verloren, während der verbliebene Rest zu schwach ist, um sich in der Öffentlichkeit durchzusetzen.

Unter geistiger Oberschicht verstehe ich vor allem die unabhängigen und verantwortungsbewußten Denker, Dichter und Künstler, die das kulturelle Leben eines Volkes in uneigennütziger Weise und aus einem inneren Drang heraus bestimmen oder doch bestimmen sollten.

Die Lösung des Problems liegt darnach in erster Linie auf biologischer Ebene, nämlich im Mut zum Kinde, und in zweiter Linie in der Erhaltung einer langen Friedenszeit, damit sich eine neue geistige Führerschicht heranbilden kann.

Inwieweit dies bei uns geschieht oder geschehen kann, ist allerdings ungewiß. Doch sind in unserem Volk noch hinreichend gesunde Kräfte vorhanden, die nur geweckt zu werden brauchen. Allerdings ist zu bedenken, daß wir ein Volk ohne Ideale geworden und daher der Gefahr eines endgültigen Niedergangs ausgesetzt sind. Der Gedanke der Freiheit, der bei uns so oft betont wird, sollte bei Kulturvölkern kein Ideal mehr, sondern eine Selbstverständlichkeit sein, wobei noch zu prüfen wäre, ob Geistesfreiheit und Toleranz bei uns schon überall rein verwirklicht sind.

Im übrigen gilt heute mehr denn je hinsichtlich der irdischen Verhältnisse der Ausspruch Nietzsches: „Es gibt kein härteres Unglück in allem Menschenschicksale, als wenn die Mächtigen der Erde nicht auch die ersten Menschen sind. Da wird alles falsch und schief und ungeheuer." Das bedeutet: Zuchtlosigkeit und Unordnung nehmen dann immer mehr überhand.

Ein 1900jähriger Glaube an die „Gnadenbotschaft" hat es nicht vermocht, die Menschheit von Grund aus zu ändern. Scheinbar ohnmächtig steht sie heute vor der Aussicht auf einen völligen Untergang.

Nun gibt es ein ungeschriebenes, metaphysisches, d.h. für den geistig-sittlichen Bereich des Menschen gültiges Gesetz, dem das Schicksal des einzelnen wie das ganzer Völker unterworfen ist und auf Grund dessen Schuld und Tragik entstehen, wenn die Menschen in ihrer Entwicklung nicht freiwillig weiterschreiten wollen — Tragik, aus der dann wieder unter Umständen neue schöpferische Kräfte sich entfalten können. Dieses Gesetz lautet: Wer nicht kämpfen will, muß leiden oder untergehen. Ich habe hierüber in meinen Ausführungen über körperliche und seelische Zusammenbrüche schon Andeutungen gemacht.

„Weltgeschichte ist das Weltgericht", wenn auch manche Menschen die Gültigkeit dieses Satzes verneinen. Vielleicht ist es ihnen unbequem, zugeben zu müssen, daß ihr eigenes Los, aus welchen Gründen auch immer, selbstverschuldet ist, m.a.W. sie möchten sich vor der Selbstverantwortung drücken.

Geschichtsträger sind die einzelnen Menschen. Diese einzelnen stehen jeden Augenblick vor dem Weltgericht, auch wenn der Richterspruch nicht in allen Fällen, vor allem in den sittlichen und geistigen nicht, sofort offenbar wird. Aber mancher leiblichen Übertretung der Lebensgesetze folgt die Strafe auf dem Fuße, wie z.B. der Katzenjammer nach einer durchzechten Nacht beweist.

Nun setzt sich ein Volk aus vielen einzelnen zusammen, weshalb sich der Verlauf der Geschichte eines Volkes nach dem jeweiligen Querschnitt des Verhaltens dieser einzelnen vollzieht, wobei der Wille eines einzelnen Menschen den von tausend und abertausenden aufwiegen kann. Es ist allerdings sehr schwierig, Schuld und Strafe oder Ursache und Folge aus dem Verlauf der Geschichte eines Volkes immer klar herauszuschälen. Dazu bedarf es einer gewissenhaften Forschung und einer genauen Kenntnis der Lebensgesetze.

Hätte die Mehrheit des deutschen Volkes seinerzeit Hitler nicht die Macht an die Hand gegeben, wäre das Urteil des Weltgerichts sicher anders ausgefallen. Und wer will bestreiten, daß die USA dem Bolschewismus durch ihr Verhalten im zweiten Weltkrieg erst zur heutigen Weltmachtstellung verholfen haben — dem Bolschewismus, der dadurch ihnen und der gesamten westlichen Welt jetzt so viele Schwierigkeiten und so viel Sorge zu bereiten in der Lage ist!

An diesem Beispiel erweist sich doch klar, daß Weltgeschichte das Weltgericht ist. Hinzuzufügen ist, daß auch in diesem Fall Schuld und Tragik ineinander verwoben sind, wobei das in der Tragik verborgene positive Element bedingt, daß der Westen gegenüber dem östlichen Atheismus eine neue weltanschauliche Stellung beziehen muß. Eine Widerlegung des dialektischen Materialismus allein genügt nicht.

Die Unfähigkeit, diese Aufgabe, die eine dem Abendland gestellte metaphysische ist, zu erkennen oder gar zu lösen, war es auch, die das Unternehmen Adolf Hitlers von vornherein zum Scheitern verurteilt hatte. Hitler ging den machtpolitischen Weg, wo der weltanschauliche Grundbedingung ist. Der Gründung des „Dritten Reiches" hätte nach der tiefen Einsicht des verstorbenen Naturarztes und Psychotherapeuten Dr. med. Karl Strünckmann als Synthese der verschiedenen, auf das Abendland einwirkenden religiösen und weltanschaulichen Strömungen der Gegenwart die Gründung der „Dritten Kirche" folgen müssen, dann wäre dem deutschen Volk wahrscheinlich Krieg und Schuldverstrickung erspart geblieben. Nicht umsonst wirkt indisches und anderes östliches Geistesgut immer stärker auf das Abendland ein.

Ohne eine Lösung der vorgenannten metaphysischen Aufgabe des Westens wird die Welt nicht zur Ruhe kommen und der bolschewistisch-atheistische Druck nicht von ihr weichen. Der Geistesboden muß also tiefer als nur politisch umgepflügt werden: „es muß sich alles verjüngen, es muß von Grund aus anders sein; ... nichts, auch das Kleinste, das Alltäglichste nicht, ohne den Geist und die Götter!" heißt es schon in Hölderlins „Hyperion".

Obwohl das deutsche Volk heute wiederum den falschen Weg eingeschlagen hat — der richtige ist nach den Worten Hölderlins: „Priesterin zu sein und wehrlos Rat zu geben rings den Königen und den Völkern" oder nach Schiller: „an dem ew'gen Bau der Menschenbildung zu arbeiten," und nicht „obzusiegen mit dem Schwert", sondern „in das Geisterreich zu dringen," usw. —, also trotz dem falschen Weg glaube ich, daß das deutsche Volk als europäisches „Volk der Mitte" vor der Geschichte noch eine Aufgabe zu lösen hat.

Daß es nach dem zweiten Weltkrieg in die Auseinandersetzung zwischen dem Osten und dem Westen hineingezogen und territorial gespalten worden ist, ist ein nationales Unglück, das für das ganze Abendland schwerwiegende Folgen haben kann, wenn es nicht bald behoben wird.

Zwar hat Schiller recht, wenn er ausruft: „Was ist die Mehrheit? — Mehrheit ist der Unsinn! Verstand ist stets bei wenigen nur gewesen." Aber die „Mehrheit" wählt ja auch ihre Führer — allerdings Führer, die sie eben verdient. Andererseits dürfte sich die Forderung Platos, daß „Herrscher Philosophen und Philosophen Herrscher" sein sollten, kaum verwirklichen lassen. Außerdem erhebt sich sofort die Frage, welcher Art denn ihre Philosophie sein soll.

Am idealsten wäre wohl ein „Rat der Weisen", zusammengesetzt aus wirtschaftlich, politisch und weltanschaulich unabhängigen Menschen, die mit einem Gesetzesvorschlags- und Vetorecht auszustatten wären, deren Wahl allerdings auch Schwierigkeiten bereiten dürfte.

Auf jeden Fall bleibt selbst dann noch die Tatsache bestehen, daß auch die beste Verfassung, wie überhaupt alle menschlichen Einrichtungen nichts taugen, wenn ihre Willensträger versagen.

So bleibt als einzige echte Lösung eine Weltanschauung, die jeden einzelnen anspricht und zur Arbeit an sich selbst aufruft, weil sich kein Mensch der Selbst- und Mitverantwortung in allen Dingen entziehen kann.

Der Mensch ist im Aufbruch zur Freiheit begriffen; aber die Menge hat noch nicht erkannt, daß Freiheit Selbstverantwortung und größte freiwillige Bindung bedeutet — Bindung an ein Unsichtbares. Deshalb führt der Freiheisgedanke bei vielen Menschen zu Willkür und Zügellosigkeit. Sie können die Freiheit noch nicht ertragen.

Diese Unreife und Unwissenheit ist die Tragik unserer Zeit. Soviel zur gegenwärtigen Lage.

A. Richard Müller-Flein

I.

Einleitung

Wenn auch Einzelheiten wissenschaftlich noch umstritten sind, dürften im allgemeinen an der Richtigkeit des Entwicklungsgedankens, der sogenannten Evolutionstheorie, im Abendland wohl nur noch wenige Unbelehrbare zweifeln, welche die einigermaßen überschaubaren paar tausend Jahre der Geschichte für *die* Weltgeschichte überhaupt ansehen, obwohl diese Jahre fast zur Bedeutungslosigkeit herabsinken angesichts der auf mehrere hunderttausend oder noch mehr Jahre geschätzten Entwicklung des Menschengeschlechts und angesichts der seit Entstehen des gegenwärtigen Weltalls abgelaufenen und der zweifellos noch vor uns liegenden ungeheuren Zeiträume und obwohl wir wahrscheinlich nicht die einzigen Planetenbewohner im Weltall sind.

Vor der Ewigkeit ist die Zeit ein Nichts. Vor ihr hat sie nur aufzählenden Charakter. In einigen tausend Jahren werden die heutigen Religionssysteme und Weltanschauungen nur noch geschichtlich interessant sein. Religion wird es zwar immer geben; aber die Systeme wechseln mit fortschreitender Erkenntnis.

Es sind Irrende, die meinen, im Besitz *der* Wahrheit überhaupt zu sein, obwohl es in der Welt unzählige Bekenntnisse gibt, deren Anhänger von ihrem Glauben dasselbe annehmen oder behaupten, und obwohl innerhalb der einzelnen religiösen

Gemeinschaften wieder ebenso viele in Einzelheiten abweichende Meinungen vertreten werden, als es Gläubige überhaupt gibt.

Die Wahrheit kann aber nur einen einzigen allgemein gültigen Inhalt haben, und wir Menschen von heute, die wir, entwicklungsgeschichtlich gesehen, noch nicht einmal die Kinderschuhe ganz ausgetreten haben, wie die vielen menschlichen Unzulänglichkeiten beweisen, sind vorerst nur im Besitz von Teilen der allumfassende Wahrheit.

Erkenntnistheoretisches

Zu Beginn aller weltanschaulichen Überlegungen müssen wir uns darüber im klaren sein, daß wir die Erscheinungen der Außenwelt, die Gegenstände oder Dinge, nicht so wahrnehmen, wie sie an sich, d.h. real sind, sondern nur die von ihnen auf unsere Sinnesorgane ausstrahlenden Wirkungen.

Alle unsere Sinnesorgane sind ja Tastorgane, mit denen die Außenwelt gewissermaßen abgetastet wird. Diese Tastwirkungen werden zum Gehirn weitergeleitet und dort zu Vorstellungen und Begriffen verarbeitet. Die Natur liefert das Material oder den Rohstoff für unsere Gedankenwelt.

Diese Feststellungen sind äußerst wichtig; denn sie bedeuten, daß wir das *Wesen* der Wirklichkeit sinnesmäßig nicht erfassen können, daß die Ursachenwelt, die reale Welt, draußen bleibt und wir auch nicht aus uns heraustreten können, weil unser Bewußtsein an unseren Leib gekettet ist; weshalb das, was wir die Welt heißen, nur eine Welt von Wirkungen auf unsere Sinnesorgane ist, die je nach der Güte und Leistungsfähigkeit dieser Sinnesorgane und je nach der Höhe unserer geistigen Reife für den einzelnen so oder so aussieht, also relativer Art ist. Der Hund hört mehr als der Mensch. Die Insekten haben einen viel feineren Geruchssinn als wir, und der Raubvogel erspäht seine Beute aus einer Höhe, von der aus wir nichts mehr genau erkennen würden.

Unter der Anwendung des Mikroskops erschließt sich dem Biologen eine ganz fremde Welt. Ja, der Atomphysiker geht mit seinen Geräten bis an die Grenze des Wahrnehmbaren und

Erkennbaren überhaupt. Aber alle diese Wahrnehmungen sind nur umgewandelte, relative Wirkungen einer Ursache, die zwar real vorhanden ist, in deren Wesen wir aber nicht eindringen können.

Allerdings ist dabei zu bedenken, daß unser Körper mit seinen Sinnesorganen selbst ein Erzeugnis der Natur ist und daß er deshalb bei der Allgemeingültigkeit der Naturgesetze so beschaffen sein dürfte, daß er sämtliche für das Erkennen der Außenwelt und für seine Selbstbehauptung wesentlichen Wirkungen der realen Welt wahrzunehmen und zu deuten vermag. Den Beweis für die Richtigkeit dieser Annahme liefert die Tatsache, daß der Mensch versteht, dank seiner Erkenntnisfähigkeit sich die Kräfte der Natur immer mehr dienstbar zu machen und überhaupt die gesetzmäßigen Zusammenhänge — sei es im materiellen, seelischen oder geistigen Bereich — zu erhellen, wie die Geschichte der Menschheit lehrt.

Wohl mögen von der Außenwelt noch andere Wirkungen ausgehen, für die wir kein Organ, kein Organ mehr oder noch kein Organ besitzen; doch sind diese Möglichkeiten augenblicklich für uns unwesentlich.

Wir haben also keine Gewähr dafür, daß wir die Dinge so sehen, wie sie an sich, d.h. in Wirklichkeit sind, da wir vergleichsweise nur ihren Abdruck wahrnehmen. Abdruck und Original sind aber zweierlei Dinge. Hierüber werde ich später noch nähere Ausführungen machen.

Selbst wenn wir also noch so feine Geräte erfinden würden, mit deren Hilfe wir auch die allerfeinsten Erscheinungen sinnlich wahrnehmen könnten, so würden wir damit doch nicht in das Wesen der Erscheinungen selbst eindringen können.

Das Transzendente ist eben unseren Sinnen objektiv, d.h. als Ursache niemals zugänglich, sondern nur als Wirkung. Dagegen können wir es durch die Tatsache der Existenz unseres inneren Selbstes und durch Eingebungen oder Ahnungen bezw. sonstige parapsychologische Erscheinungen in uns subjektiv erleben.

Versenken wir uns einmal in den Anblick eines beliebigen Gegenstandes — sei es ein Stein, eine Blume oder ein Tier — und seien wir uns dabei bewußt, daß wir es nur mit einer in unserem Bewußtsein hervorgerufenen Erscheinung zu tun haben und nicht mit dem Gegenstand selbst; dann werden uns die Augen dafür geöffnet, daß sich auch hinter der alltäglichsten Erscheinung eines der größten Geheimnisse und Wunder verbirgt, und ein neues, tieferes Weltbild wird sich uns erschließen! Üben wir uns in dieser Versenkung so oft wie möglich! Wir werden dann in Zukunft Ehrfurcht auch vor dem geringsten Ding als dem großen Unbekannten empfinden, dem wir überall im Leben gegenüberstehen.

Die objektive Welt, die „Welt an sich", ist die unabhängige Grundlage für die Seinserkenntnis aller Menschen; die subjektive Welt, das vom einzelnen aufgenommene Weltbild und die daraus gewonnene Weltanschauung dagegen ist je nach Anlage und Fähigkeit der Erkennenden individuell verschieden.

Aus alledem ergibt sich, daß, wenn der philosophische Materialismus und auch der Atheismus erklärt: „Alles ist aus der Materie hervorgegangen" — die er ja an und für sich für ungeistig hält — „und ihre geistigen Formen im Menschen sind lediglich zusätzliche, energetische Eigenschaften oder Weiterentwicklungen der Materie", er erkenntnistheoretisch einem Fehlschluß unterliegt: er setzt etwas als so und so gegeben voraus, dessen Wesen er nach dem Gesagten gar nicht erfassen und über das er deshalb auch gar keine bestimmte Aussage machen kann. Tut er es dennoch, so treibt er eben Metaphysik, ob er es wahrhaben will oder nicht; d.h. er begibt sich auf den umstrittenen Boden des nicht mehr unbedingt sicher Beweisbaren.

Was Materie ihrem Wesen oder ihrer Ursache nach ist, entzieht sich eben unserem Wahrnehmungsvermögen.

An dieser Tatsache kommt kein Mensch vorbei. Zwar tritt ichbewußtes Denken mit allen seinen Möglichkeiten, wie die Natur uns lehrt, erst mit der menschlichen Gestalt auf; aber selbst wenn z.B. das Atom oder die Atomteilchen ein Bewußtsein besäßen und das menschliche Bewußtsein jenes Bewußtsein verstehen, es gewissermaßen erleben könnte, vermöchte der Mensch die Seinsursache des Atoms oder der Atomteilchen ebensowenig zu erfassen wie die Ursache seines eigenen Seins, die im Jenseits liegt, wie noch erläutert werden soll.

Wir können eben nur wahrnehmen, was unserer Anschauung zugänglich ist, und das sind Wirkungen, keine Ursachen. Die Diesseits-Jenseitsschranke ist für unser Bewußtsein unüberschreitbar. „Nach drüben ist die Aussicht uns verrannt", läßt Goethe den alternden Faust sagen.

Da also das, was wir „die Welt" nennen, im Grunde unsere eigene Auffassung von einer Welt ist, die wir nur in ihren Wirkungen auf unser Bewußtsein kennen, während sie selbst als Ursachenwelt ihrem Wesen nach verborgen bleibt, können wir, einerlei, welcher Art auch das Wesen dieser Welt an sich ist, von einer Symbolwelt sprechen.

Diese Symbolwelt besitzt für uns rein geistigen Charakter; denn alle Wahrnehmungen der Gesamtwirklichkeit, also die Wirkungen der naturhaften, der seelischen und der geistigen Gegebenheiten, wirken auf unser Bewußtsein als Wahrnehmung einer Welt von Symbolen, die unserem Geist als Unterrichtssprache und Unterweisung für seine Höherentwicklung und Entfaltung dient.

Begriffe stellen nur Symbole für ein nicht weiter erklärbares Etwas dar. Daß wir die Erscheinungen oder Ausstrahlungen dieser Symbolwelt richtig auslegen und daß diese Tatsache durch den auf ihrer Erkenntnis beruhenden Fortschritt in Wissenschaft und Technik bewiesen wird, habe ich bereits betont.

Begriffe sind lediglich Sinnbilder. Sie sind die Münzen im geistigen Verkehr, und alles Geschehen ist ein Gleichnis.

Falsch wäre es allerdings, das Geschehen als eine Illusion, einen „Trug der Maya", wie ein Teil der indischen Philosophen angenommen hat, anzusehen; denn die Wirklichkeit der Erscheinungswelt kann uns auf sehr schmerzhafte Weise bewußt werden, wenn wir sie mißachten.

Materie und Geist

Wie sich aus der Lehre der Atomphysik ergibt, bleibt für das Verstehen des Begriffs „Materie" oder „Stoff" und von den Vorgängen im Atom letzten Endes nichts übrig als ein System von mathematischen Formeln, also keine materiell vorstellbaren Gegebenheiten mehr. Das bildliche Vorstellungsvermögen versagt hier. Die verschiedenen Vorstellungen über den Aufbau der Atome bezw. über die sich in ihnen abspielenden Vorgänge sind lediglich Modellvorstellungen ohne wahrnehmbaren, realen Charakter. Was wir in der Welt als abgegrenzte Gebilde wahrnehmen, sind nichts als Zustände und Zusammenhänge in einem Gesamtzusammenhang, dessen transzendenter Hintergrund sich unserer Erkenntnis entzieht.

Zur Zeit tasten die Atomphysiker die Grenzen des Wahrnehmbaren ab. Die Ergebnisse der Atomphysik machen uns im atomaren Bereich die Unanschaulichkeit dessen, was man seither Materie genannt hat, offenbar, insofern als nur noch Wirkungen sekundärer Art, d.h. unter Einsatz physikalischer Geräte, im atomaren Geschehen unsere Sinne erreichen. Dabei können die Ursachen eines Vorgangs quantitativ erst hinterher bestimmt werden. Zur genauen Voraussage der Wirkung im einzelnen besteht keine Möglichkeit. Trotzdem bleibt der Kausalzusammenhang bestehen. Die Materie selbst verflüchtigt sich in Form von statistisch erfaßten Wahrscheinlichkeitswellen zu mathematischen Symbolen. Hier werden die Grenzen des Erkennbaren sichtbar, und die Nichterkennbarkeit des inneren Wesens aller materiellen Erscheinungen tritt zutage. Es bleiben nur noch Gesetzmäßigkeiten übrig.

In seinem Buch „Umsturz im Weltbild der Physik" erläutert Ernst Zimmer, daß es in der Welt der Quantenphysik keinen substantiellen Inhalt mehr gibt, sondern nur einen geistigen, daß die Substanz ihren materiellen Charakter verliert und nur die mathematischen Symbole, die Formeln und Gleichungen als wahrhaft Existierendes übrigbleiben.

Die Doppeldeutigkeit der geoffenbarten Natur — ihre Zweieinigkeit von Außen und Innen, also von Materie und Energie, von Pflanze und Leben, von Tier und Seele oder von Mensch und Geist — wird in der Quantenphysik eindeutig, d.h. zur mathematischen Formel.

Es bleibt nach Zimmer als mögliche Aufgabe nur „die mathematische Beschreibung der sich den Sinnen offenbarenden Welt, nicht ihre Erklärung, d.h. Zurückführung auf etwas hinter aller Erfahrung Liegendes."

Damit sind die Möglichkeiten der Naturwissenschaftler sowohl hinsichtlich einer materialistischen wie einer metaphysischen Deutung des Allgeschehens abgegrenzt.

Man wird aber auf der physikalischen Ebene m.E. kein Uratomteilchen — so etwas wie ein Elektron oder ein Meson — finden, aus dem sich die Welt herausentwickelt hätte, ebensowenig wie auf der metaphysischen Ebene ein Urwort.

Die zum Teil kurzlebigen Atomsplitter sind aus einem nicht erkennbaren Urgrund, einer ersten Ursache hervorgegangen, die im religiösen Bereich als Gottheit oder Urbewußtsein anzusprechen ist. Sie stellen gewissermaßen das kosmische Alphabet dar, auf dem sich die physikalische wie die geistige Welt als Einheit aufbaut.

Auch eine mathematische Weltformel wird m.E. nicht gefunden werden können. Es gibt nur *eine* Weltformel, die allein die Einheit in der Vielheit ausdrückt: das Ur. Hierauf werde ich noch zurückkommen.

Wenn die kleinsten Bausteine der Materie aber eine geistige Struktur offenbaren, muß auch ihre Zusammenballung zu Körpern von dieser Art sein. Der philosophische Materialismus wird dadurch ad absurdum geführt.

Was wir an den materiellen Erscheinungen wahrnehmen, sind Widerstände oder Kraftfelder, wobei wir uns bewußt sein müssen, daß wir eben nur in Gleichnissen reden können.

Wir unterliegen dem Trug unserer Sinne, wenn wir Materie aller Gestaltungen als etwas Festes, Starres ansehen, anstatt sie als wesenhaft nicht erfaßbaren, wandelbaren, aber doch gesetzmäßigen Ausfluß des „ganz anderen", des Schöpferischen oder Transzendenten anzusehen, bei welcher Auffassung wir selbst als Erzeugnisse der Natur, die allerdings sich und der Umwelt bewußt sind, in diesem schöpferischen Ausfluß inbegriffen sind.

Auch das feinste Mikroskop kann uns eben nur Sinnenhaftes übermitteln, nicht aber Wesenhaftes. So wenig jemand die Elektrizität, den Magnetismus oder eine sonstige Energie gesehen hat oder in Zukunft sehen wird, so wenig ist die in den Lebewesen sich auswirkende Dynamik zu schauen, weil alle diese Erscheinungen im Grunde genommen Symbole sind, die lediglich durch ihre materiellen Ausstrahlungen über unsere Sinne zu uns sprechen.

Das Wesentliche an der Natur ist ja nicht die Mannigfaltigkeit ihrer Formen, sondern ihr geistiger Gehalt. Dinge und Wesen des gesamten Kosmos, sowie ihr gesetzmäßiges Auftreten und Wirken sollen uns nur als Bausteine und Plan für die Errichtung einer Weltanschauung und damit als Seinsverständnis dienen. Dies ist der Sinn der Außenwelt. Daß sie zugleich unser Gemüt ansprechen, ist eine zusätzliche Bereicherung unseres Innenlebens.

Es ist nicht von ungefähr, daß für das, was wir Stoff nennen, dieselben Gesetze gelten wie für den Geist: wo ein Körper im Raum ist, kann nicht am selben Platz gleichzeitig ein anderer sein, und wo im Bewußtsein ein Gedanke oder eine Vorstellung auftaucht, kann nicht zur gleichen Zeit ein anderer Gedanke oder eine andere Vorstellung bestehen. Das Gesetz von der Erhaltung der Energie gilt auch für den Geist: einmal Gedachtes oder Gesagtes wirkt in der Welt des Geistes ebenfalls weiter, wie eine einmal vorhandene Energie weiterwirkt. Durch Übung stärkt man Körper wie auch Geist. Dem Satz vom Kräfteparallelogramm entspricht im Reich des Geistes der Satz von These und Antithese im Sinne der Hegelschen Dialektik. Die Durchschlagskraft neuer Ideen untersteht, wie die im physikalischen Bereich, der Formel „Zeit mal Kraft", d.h. ist die Kraft stärker, braucht man weniger Zeit, ist sie schwächer, braucht man mehr. Bewußtsein und Raum sind grenzenlos, wie ich noch erläutern werde. Gesunde Nahrung kräftigt den Leib, und gute geistige Kost erhebt den Geist. Usw.

Ich glaube, man geht nach diesen Ausführungen, die anschließend noch ergänzt werden sollen, nicht fehl, wenn man die Ansicht vertritt, daß die individuelle Geisteswelt nämlich die Ichwelt des Menschen, nichts ist als die relative Spiegelung einer geistigen Welt, die unseren Sinnen als Materie und Energie in ihren verschiedenen Daseinsstufen, als scheinbar von uns Wesensverschiedenes entgegentritt, während es sich in Wirklichkeit angesichts der Zugehörigkeit des Menschen zur Natur bei den menschlichen und den außermenschlichen Erscheinungen um eine und dieselbe Wesenheit oder unsichtbare geistige Substanz, wenn ein solcher Ausdruck in diesem Fall noch angewandt werden darf, handelt — und zwar einmal subjektiv, einmal objektiv betrachtet und erlebt.

Es ist die große Täuschung der Spiritisten und anderen positivistischen Jenseitsgläubigen, daß sie an einen Dualismus von Leib und Seele, an einen Stoffleib und einen „Astralleib" glauben, anstatt alle materiellen Erscheinungen überhaupt als geistige Symbole aufzufassen.

Geistigkeit der Welt

Am Anfang der menschlichen Entwicklung war Sprache das Nachahmen von Naturlauten. Man denke an Worte wie sausen, brausen, murmeln, brummen, zischen, an den Ruf des Kuckucks, dem dieser Vogel ja seinen Namen verdankt, oder an den Wauwau des Kindes! Jedem Wort lag ursprünglich eine Gegebenheit oder ein Vorgang in der Natur zugrunde. Nur so konnten Wortlaute und Begriffe entstehen wie der Mensch überhaupt erst durch eigenes Erleben die Außenwelt verstehen konnte und kann. Nur was so durch sein Bewußtsein gegangen ist, was er selbst erfahren hat, ist ihm verständlich. Auch mitempfinden kann er nur, wenn er eine entsprechende Empfindung schon selbst gehabt hat: wer noch keine Schmerzen gehabt hat, kann sich in den Zustand eines Leidenden nicht versetzen; einem Blindgeborenen kann man eine Farbe nicht beschreiben.

Aus diesem Grund bleiben uns auch wesensmäßiges Verständnis des Außersinnlichen und Aussage hierüber versagt. Wir müßten Götter sein, um das Wesen der Gottheit verstehen zu können, wie wir Menschen sein müssen, um das Wesen des Menschen verstehen zu können.

Die Natur ist also das Gerüst, an dem sich der menschliche Geist emporwindet. An ihr schult sich der Verstand des Menschen. Sie ist die Stammutter unserer Erkenntnis; denn ohne sie wäre jede Vorstellungs- und Begriffsbildung unmöglich. Selbst das Göttliche muß sich in irdischen Formen ausdrücken, wenn es sich und seinen Willen offenbaren will, einerlei, ob es sich objektiv um die ganze Schöpfung handelt oder subjektiv um persönliche Fälle wie Eingebungen, sonst hätte es der Erschaffung der Natur — dieser Symbolwelt — nicht bedurft.

Wie der Samen der Pflanze für seine Entfaltung des Bodens der Erde bedarf, so bedarf der Mensch zur Entfaltung seines Geistes der Erscheinungen der Außenwelt, der Natur. Denken ist nämlich lautloses Sprechen. Jedem Gedanken, jedem Begriff muß demgemäß ursprünglich eine sprachliche Laut- oder Wortbildung vorausgegangen sein. In der Sprache Kants heißt das: „Anschauungen ohne Begriffe sind blind; Begriffe ohne Anschauungen sind leer." Heute setzen wir hinzu: Die ursprüngliche Grundlage jedes Erkenntnisvorgangs sind die Erscheinungen der Natur. Nicht die Deutung des mystischen Erlebnisses stand am Anfang der menschlichen Geistesentfaltung, wie manche Religionsphilosophen behaupten, für die es anscheinend keine kosmische Entwicklung gibt und für die die Ergebnisse der naturwissenschaftlichen Forschung nicht gelten, sondern die sprachliche Lautbildung. Mit ihr begann die Vertreibung aus dem Paradies, d.h. der schwerwiegende Austritt aus dem sicheren Hort des unbewußten und instinktiven Daseins, in dem bisher die vormenschlichen Wesen geruht hatten, in die Welt der bewußten und freien Entscheidung und der Selbstverantwortung.

Das mystische Erlebnis konnte erst ausgelegt werden, nachdem der menschliche Verstand eine gewisse Entwicklungsstufe erreicht hatte.

Wenn heutzutage mystische Ekstase, die ich übrigens für eine Widernatürlichkeit und eine Verirrung des menschlichen Geistes halte, und parapsychologische Erscheinungen bei uns selten geworden sind, so deshalb, weil die geistige Durchdringung der Welt durch den menschlichen Verstand den magisch-mystischen Praktiken den Boden entzieht, auf dem sie gedeihen können; wie auch der Instinkt zu Gunsten des Intellekts allmählich zurücktritt. In diesem Sinn kann der Geist nach einem Ausspruch des Philosophen Klages als „Widersacher der Seele" angesprochen werden.

Die großen Seher und Seherinnen sind selten geworden. Man kann sagen: sie sterben allmählich aus. In der nüchternen Neuzeit vollziehen sich die sogenannten göttlichen Offenbarungen meistens als Eingebungen auf der Bewußtseinsebene und kaum mehr in der mystischen Ekstase oder in Visionen. Auf seinem Weg zur Geistesentfaltung bedarf der Mensch der letzteren immer weniger.

Immer mehr Geist dringt aus dem Unbewußten herauf in die Helligkeit der Bewußtseinswelt, und der Mensch beginnt die Entwicklung im Reich des Geistes trotz aller Rückschläge selbst voranzutreiben.

Allerdings ist dieser Weg mit viel Irrtum und daraus entstehender Tragik verknüpft. Dies ist eben der Preis, den der Mensch auf dem Weg zur Willensfreiheit für sein Mündigwerden zu entrichten hat.

Das Vorhandensein der Außenwelt ist also die Grundbedingung alles Denkens, und da wir nicht aus uns heraustreten können, muß sie auf uns zukommen, d.h. auf unser Bewußtsein über unsere Tastsinne Wirkungen ausüben. (Alle unsere Sinnesorgane sind ja Tastsinne.)

Auch unser eigener Körper als Gegenstand und Geschöpf der Außenwelt ist Voraussetzung für das Entstehen unseres Bewußtseins und unseres Geistes. Ohne Körper könnten wir nicht sprechen, also keine Laute erzeugen, die als Schallwellen das Ohr unseres Gesprächspartners erreichen, von dort in sein Gehirn weitergeleitet und dort wieder in Begriffe und Vorstellungen umgewandelt werden, mögen auch die dabei mitspielenden physiologischen Prozesse nicht genau bekannt sein. Ein geistiger Verkehr ohne das Vorhandensein der Außenwelt wäre unmöglich. Selbst wenn man die Möglichkeit der Gedankenübertragung als einer vielleicht nicht physikalischen Mitteilung von Begriffen, Vorstellungen und Gefühlen berücksichtigt — über die Art der Übertragung herrscht noch Unklarheit —, bleibt als Voraussetzung für diese Möglichkeit doch das Vorhandensein einer Außenwelt als Grundlage und Schulungsfeld des menschlichen Geistes.

Man sieht, wie oberflächlich die Anhänger eines mystischen Jenseits- und Geisterglaubens denken, wenn sie ein individuelles, menschliches Dasein ohne die Gesetze und Formen der natürlichen Welt für möglich halten.

Jede objektive, d.h. allgemein wahrnehmbare Erscheinung tritt doch in materieller Gestalt auf. Alle anderen Erscheinungen sind subjektiver Art. Für sie kann man in abgewandeltem Sinn die Worte Schillers anführen: „Es ist nicht draußen, / Da sucht es der Tor. / Es ist in dir; / Du bringst es ewig hervor."

Dies lehrt uns die Natur, und die Natur ist die Ursprache.

Betrachtet man die Vorgänge beim Rundfunk oder Fernsehen, wo geistige Tätigkeiten mittels Wellen über Sendeanlage und Empfangsgerät aus dem Lautsprecher oder dem Fernsehapparat heraus wieder als geistige Tätigkeiten erscheinen, oder die Vorgänge bei einer Aussprache von Mensch zu Mensch, wo über Lunge, Luftröhre usw. als Übertragungsmittel unsere Gedanken als Laute über das Gehör unserer Mitmenschen wieder zu Gedanken verarbeitet werden — Richard Müller-Freienfels spricht von „Übersetzungen" —, dann darf man annehmen, daß beim Erkennen der Außenwelt, wobei in unserem Bewußtsein Geist entsteht oder wirksam wird, die verschiedenen Eindrücke und Reize der Außenwelt auf unser Bewußtsein ebenfalls Übersetzungen von Geist sind, der von einem Allbewußtsein auf unser Ichbewußtsein ausgestrahlt wird und zwar in Form von Symbolen, als welche die Erscheinungen oder Gegebenheiten der Natur zu betrachten sind. Die Ursache, eben dieses All- oder Urbewußtsein bleibt jedoch unsichtbar, wie auch die Tätigkeit des Rundfunkpersonals und die technischen Sendeeinrichtungen von uns nicht wahrgenommen werden. Wir empfangen nur Worte, Töne und Bilder; also Wirkungen, ohne deren Ursache wahrzunehmen.

Dabei ist zu bedenken, daß zwischen Sender und Empfänger der Unterschied besteht, daß der Empfänger nicht zurücksenden kann und daß überhaupt die Leistung des Senders höher steht. Ähnlich verhält es sich zwischen der Leistung des Urbewußtseins und der des Ichbewußtseins. Ur und Mensch unterscheiden sich etwa wie Mensch und Maschine.

Der Geist des Menschen hat sich auf der Stufenfolge „Energie", „Leben", „Seele" zum heutigen Stand entwickelt und wird sich zweifellos weiterentwickeln. Er ist noch unfertig und darin vom Wesen des Ur, des Göttlichen, verschieden. Während das Ur die Kraft der Schöpfung aus sich selbst besitzt, bedarf der Mensch zu seinem Schaffen, das also keine reine Schöpfung — keine Urzeugung — ist, des Mittels der Materie. Nur mit Hilfe und durch Gestaltung der Materie kann er sich ausdrücken; wie er auch andererseits zum Verständnis des Urgeistes, dessen Wesen für uns ja das „ganz andere" ist, der Sprache der Materie — nämlich der Natur — bedarf, wobei das Ur sich unmittelbar durch Erzeugung der Materie ausdrückt.

Die Außenwelt ist vergleichsweise der Sender mit allem Drum und Dran, und die menschlichen Körper sind die Empfänger. Wie es nun im Rundfunk gute und schlechte Empfangsgeräte und solche mit einer großen, andere mit einer geringen Reichweite gibt, so verhält es sich auch bei den Menschen: die einen empfangen nur die groben Strahlungen materieller Art und verarbeiten diese mehr oder weniger gut; ihr Denken dreht sich nur um die sogenannten irdischen Güter, während die anderen, wie die Dichter, Denker und Künstler vor allem, auch auf die feinen Strömungen seelischer und geistiger Art ansprechen und weitsichtig durch die empfangenen Symbole zu hohen schöpferischen Leistungen ideeller, ethischer und künstlerischer Art angespornt werden.

Wir stellen fest: Materialist in philosophischem Sinn ist jeder, der annimmt, was er wahrnimmt, sei das Wesen der Dinge, und der nur die Existenz einer rein materiellen Welt anerkennt, anstatt einzusehen, daß die Gesamtwirklichkeit mit all ihren Erscheinungen aus nichts anderem besteht als aus nicht weiter erklärbarer Geistigkeit, d.h. aus Urbewußtsein und Ichbewußtsein mit ihrem entsprechendem Inhalt, und daß das Vergängliche Sprache und Schöpfung des Ewigen ist.

Gottesbeweis, Kausalität und Prophetie

Den Urgrund alles Geschehens, das Raum- und Zeitlose, Unfaßbare, kurz das Ewige, Göttliche, nenne ich das Ur, und zwar deshalb, weil die Menschen sich unter Gott gewöhnlich ein, wenn auch mit übernatürlichen Kräften begabtes, so doch mit menschlicher Gestalt ausgestattetes Wesen vorstellen, während man sich von dem Begriff „Ur" nicht gut eine vermenschlichende Vorstellung machen kann.

Es kennzeichnet die Naivität im Denken mancher Menschen, wenn sie aus der Tatsache einer gewissen Unbestimmbarkeit der atomaren Vorgänge im einzelnen auf eine Akausalität, also gewissermaßen auf einen „deus ex machina" schließen zu dürfen und damit den so lange gesuchten unmittelbaren Gottesbeweis gefunden zu haben glauben, obwohl sich die Atomphysiker bei ihren Maßnahmen zur Freimachung und Bändigung der Atomenergie vom Gedanken der Gültigkeit des Kausalitätsprinzips auch im atomaren Bereich leiten lassen.

Hätte dieses Prinzip im inneratomaren Geschehen, in der Mikrowelt, keine Gültigkeit, wäre eine erfolgreiche Atomforschung unmöglich, weil man dann immer mit unvorhergesehenen Zwischenfällen rechnen müßte, die manches Laboratorium in die Luft fliegen ließen. Wer glaubt, mit Hilfe der vermuteten Akausalität den Gottesbeweis führen zu können, der müßte logischerweise damit rechnen und zugeben, daß sein so bezeugter Gott als Bewirker solcher unvorhergesehener Zwischenfälle für die Explosion einer Atombombe die alleinige Verantwortung zu tragen hätte und nicht die Menschen.

Ich möchte hervorheben, daß auch Kants Gottesbeweis nicht zieht, weil sein Apriorismus überhaupt ein Irrtum ist. Ein „a priori" kann es nur als erste Ursache des Geschehens geben. Das ganze Dasein hat sich aus dieser apriorischen Ursache entwickelt und entwickelt sich auf Grund ihrer Dynamik noch weiter. Die Anschauungsformen „Zeit" und „Raum" z.B. sind bestimmt im Pflanzenreich nicht „a priori" vorhanden, sondern haben sich erst beim Übergang vom tierischen zum menschlichen Dasein, also mit der Entfaltung des Geistes allmählich entwickelt.

Die Alternative, vor die wir gestellt sind, lautet: Ist die in der Mikro- und Makrowelt waltende Entwicklungsdynamik blind oder nicht? Letzterer nur auf Grund des „moralischen Gesetzes in uns", wie sich Kant ausdrückt, oder des Gewissens göttlichen Charakter zuerkennen zu wollen, geht aber nicht an, weil dieses Gesetz erstens aus der Erfahrung entstanden und von den Menschen nach Zweckmäßigkeitsgründen und aus Gründen höherer sittlicher Einsicht gestaltet worden ist und weil es zweitens als Folge dieser Umstände bei den einzelnen Völkern einen verschiedenen Inhalt aufweist. Der Kannibale — um ein drastisches Beispiel anzuführen — frißt seinen Feind ohne jede Gewissensbisse auf. Und die christliche Kirche hat Andersgläubige ohne Gewissensbisse auf den Scheiterhaufen gestellt oder zur Zeit der Inquisition aufs scheußlichste martern lassen. Alle diese Handlungen erfolgten aus dem jeweiligen Zeitgeist heraus. Heute aber werden sie allgemein gebrandmarkt und vom Gewissen verworfen. Ja, selbst über das angeblich göttliche Gebot der Feindesliebe gehen die Ansichten noch auseinander, weil keine apriorische Norm da ist.

„Das ‚Gewissen'... ist eine erbfest gewordene Reaktionsweise des Menschen, ..." sagt J. Wilhelm Hauer in „Verfall oder Neugeburt der Religion" (1961 S. 247).

Der Gottesbeweis kann überhaupt nicht apodiktisch, d.h. unumstößlich sicher geführt werden, weil sich das *Wesen* des Ur eben der Wahrnehmung durch unsere Sinne entzieht; aber wir können und müssen aus manchen Tatsachen auf die Existenz eines außersinnlichen, weltschöpferischen Bewußtseins schließen, so wenn manche Geschöpfe wie die Bienen oder der Birkenblattroller in ihrem Verhalten ein mathematisches Können aufweisen, welches über dasjenige vieler Menschen hinausgeht. Hier offenbart sich die Wirksamkeit eines Geistes, den eine Natur von rein materieller Struktur nicht hätte hervorbringen können.

Auch die Fähigkeit einer Schau in die Zukunft, die manche Menschen tatsächlich besitzen, oder sonstige mediale Fähigkeiten, deren Art und Umfang ihr willensmäßiges Können und ihr Wissen übersteigt, ist doch nur mit der Existenz eines Bewußtseins zu erklären, das die Menschheit gewöhnlich Gott oder Gottheit nennt. Die Materie als solche ist dieser Dinge nicht fähig.

Die Tatsache des Hellsehens in die Vergangenheit, Gegenwart und Zukunft setzt ein Allbewußtsein voraus, dem das Ursachennetz der Entwicklung für die Vergangenheit, Gegenwart und Zukunft jederzeit in seinem ganzen Umfang gegenwärtig ist, m. a. W. das sämtliche Wirkungsfaktoren schicksalsmäßiger und entwicklungsgeschichtlicher Art nach Zahl und Stärke vor- und rückwärts überschaut. Ein kurzer Blick in einen Teilausschnitt dieses Bewußtseins ist besonders veranlagten Menschen in bestimmten Fällen möglich, d. h. dieses Überbewußtsein lüftet für einen Augenblick den Vorhang.

Propheti ist der schwerwiegendste Beweis für die Existenz einer Gottheit und gegen die Ansichten des Atheismus und des Materialismus.

Leider befaßt sich erst ein verschwindend kleiner Prozentsatz von Forschern mit den sogenannten parapsychologischen Erscheinungen, zu denen auch die Prophetie zählt. Eine einwandfreie Theorie zur Erklärung der okkulten Vorgänge ist bis jetzt nicht gefunden worden. Die meisten Wissenschaftler lehnen es wohl deshalb ab, sich auf diesem Gebiet öffentlich zu betätigen — einem Gebiet, auf dem sie Gefahr laufen, ihrem Ruf als Forscher zu schaden.

Angesichts der Regellosigkeit im Auftreten der genannten Erscheinungen und ihrem Ausweichen vor einer Festlegung in gesetzmäßige Bahnen sind hier auch vorerst keine großen Lorbeeren zu ernten.

Ideal wäre es, wenn die Parapsychologen selbst medial veranlagt wären. Vielleicht wäre dann ihren Bemühungen mehr Erfolg beschieden. So muß sich ihre Tätigkeit hauptsächlich auf die Feststellung und das Sammeln nicht weiter erklärbarer Tatsachen beschränken.

Die Tatsache der Prophetie schließt übrigens die Zufallstheorie aus; denn das Kennzeichen eines echten Zufalls müßte Akausalität sein, die nicht vorausgesagt werden könnte, während Prophetie nur auf Grund des allem Geschehen zugrunde liegenden Kausalitätsgesetzes möglich ist. Sie entspringt nämlich dem tiefen Grund des menschlichen Unbewußten, und mit diesem Unbewußten sind die Menschen an das Urbewußtsein angeschlossen, dem alle Kausalreihen des Allgeschehens in ihrer vollen Bedeutung nach vor- und rückwärts gegenwärtig sind. Nur auf Grund dieser Überschau ist Prophetie möglich. Ein akausaler Zufall würde diese Möglichkeit aber ausschließen.

Wir sprechen nur dann von „Zufall", wenn uns bei einem Ereignis die Kenntnis und Bedeutung der zu seinem Zustandekommen erforderlichen Kausalreihen bzw. der ihnen zugrunde liegenden Motive fehlt.

Nach Marie von Ebner-Eschenbach ist Zufall „die in Schleier gehüllte Notwendigkeit".

Sogar das Wirken des transzendenten Unbewußten geschieht kausal, wie wir feststellen können, wenn wir uns ihm bewußt öffnen. Es läßt sich dann gewissermaßen in unsere Dienste zwingen, obwohl diese Dienstfertigkeit natürlich von ihm vorgesehen und eine von ihm bewirkte Gesetzmäßigkeit ist, die zu mißbrauchen wir uns hüten müssen, soll es sich nicht gegen uns stellen.

Auch ist die Ansicht irrig, daß echte Prophetie die Willensfreiheit deshalb ausschlösse, weil sie bedeuten würde, daß die Zukunft vorherbestimmt, also kausal bedingt und dadurch eine Spontaneität der Willensäußerungen unmöglich wäre; denn die Willensfreiheit unterliegt tatsächlich der Kausalität, aber ohne daß sie durch letztere gefährdet wäre, wie wir noch sehen werden. Gerade die Allgemeingültigkeit des Kausalgesetzes ermöglicht, wie gesagt, erst echte Prophetie, wobei aber das Primäre die Kausalität der Willensentscheidungen ist, ohne die Prophetie gar nicht möglich wäre.

Auch entsteht echte Prophetie nicht als Folge von Erwartungen oder Befürchtungen, die auf Grund der Wahrscheinlichkeitsrechnung zu einem ganz geringen Bruchteil einmal eintreffen könnten.

Echte Prophetie ist auch kein bloßer „Entwurf einer Vorschau", der überholbar wäre; denn sie stimmt mit dem späteren Geschehen oft bildhaft genau überein — einem Geschehen, das wie z.B. mancher vorausgesehene natürliche Todesfall nicht abgewendet werden könnte.

Diese hellseherische Gabe ist auch kein bewußtes Rätselraten; denn sie äußert sich häufig ungerufen, wobei oft Dinge geoffenbart werden, zu denen die Psyche des Präkognitiven in gar keiner inneren Beziehung steht, wobei also keinerlei subjektive Einwirkung mitspielt.

Über die Willensfreiheit

„Alles prüfe der Mensch, sagen die Himmlischen,
Daß er, kräftig genährt, danken für Alles lern,
Und verstehe die Freizeit,
Aufzubrechen, wohin er will."

Hölderlin „Lebenslauf" II. Fassung

Das Problem der Willensfreiheit ist wohl das umstrittenste, weil schwierigste Problem des philosophischen Denkens überhaupt.

Was den Menschen aus allen Daseinsformen heraushebt, ist seine Vernunft. Innere Lebendigkeit, Dynamik, besitzt auch der sogenannte „tote" Stoff, die Materie; Wachstum und Fortpflanzungsfähigkeit die Pflanze; Freizügigkeit bis zu einem gewissen Grad auch das Tier; aber nur der Mensch besitzt die Möglichkeit, dank seiner Vernunft in jedem Augenblick frei über sein Schicksal zu entscheiden. Ich betone: *die Möglichkeit.* Zwar erfolgt diese Entscheidung nicht unbeeinflußt; aber die Wurzel dieser Einflüsse liegt, wie wir nachher sehen werden, im Menschen selbst.

Diese Entschlußfreiheit ist allerdings ein zweischneidiges Schwert: sie belastet ihren Träger mit der Verantwortung für sein Tun oder Lassen. Fehlentscheidungen hemmen seine Entwicklung, richtige fördern sie.

Wir dürfen nicht übersehen, daß im gesamten Allgeschehen ein tiefer Sinn waltet: der göttliche Wille. Ihn zu erforschen, ist unsere dringlichste Aufgabe; denn nur im Einklang mit diesem Willen handeln wir richtig. Deshalb ist auf eine gründliche Erziehung zu selbständigem Denken der allergrößte Wert zu legen.

Es liegt eine gewisse Tragik in der Tatsache, daß der Mensch erst an der Erfahrung lernen muß, seine Vernunft richtig zu gebrauchen. Vollziehen sich die Handlungen der Tiere in der Hauptsache aus dem sicheren Hort des Instinktes, die der sonstigen Welt aus einer kausalen Notwendigkeit heraus, so hat der Mensch sich mit dem Aufbrechen seines Verstandes in unbekanntes Neuland begeben, das es für seinen ichbewußten Geist erst zu erforschen gilt. Dadurch entstehen die vielen Unzulänglichkeiten und Belastungen des menschlichen Lebens, allerdings auch fruchtbare polare Spannungen — ein Zweitakt der geistigen Entwicklung von These und Antithese, von Satz und Gegensatz, wie der Philosoph Hegel aufgezeigt hat —, die immer neue Lösungen erheischen.

Nun wäre es um die Zukunft der Menschheit schlecht bestellt, wenn die geistige Entwicklung nur der Erfahrung anvertraut wäre, weil der Mensch sich manchen Vorbelastungen seines Wesens gegenübergestellt sieht, die seine Entschlußfreiheit, mitunter scheinbar für immer, zu beeinträchtigen vermögen, und wenn nicht außer der Erfahrung und seinem Gewissen auch in ihm, wie in allen anderen Organismen, das Prinzip der Entwicklung wirksam wäre, das wohl neben Höhen auch Tiefen zuläßt, aber in ihm durch Regulatoren wie Leid und Not und andere für den Antrieb und die Lenkung der geistigen Weiterentwicklung sorgt. In seinem höheren Selbst besitzt der Mensch, auch der elendeste, einen unsichtbaren Führer und Vermittler, den er jederzeit anrufen kann und der ihn früher oder später zu neuen Höhen führen wird. Unsere Sehnsüchte sagen uns, wo und wenn etwas nicht in Ordnung ist. Vertrauensvolle Hingebung an diesen inneren Führer und Helfer vermag sie zu stillen.

In seinem Buch „In Harmonie mit dem Unendlichen" schreibt der amerikanische Denker Ralph Waldo Trine: „In dir selbst liegt die Ursache von allem, was in deinem Leben geschieht;

wenn du zur vollen Erkenntnis deiner inneren Kräfte erwachst, so bist du imstande, dein Leben völlig nach deinem Willen zu gestalten".

Was ist nun „Wille"? — Wille ist keine angeborene Anlage, kein Organ, sondern der auf die Erreichung eines bestimmten Zieles gerichtete Geist. Schon das bloße Denken ist eine Willenshandlung. Wille ist ein Spannungszustand des Geistes. Hierbei spielen Veranlagung, Einsicht, Gewohnheit, Instinkt und Triebleben eine Rolle; ferner Vergessenes, Verdrängtes oder unbeachtet ins Unterbewußtsein Hinabgesunkenes — also Faktoren, die nicht abgeschätzt werden können, die aber insgesamt unsere Persönlichkeit ausmachen. Nun kommen uns gar nicht alle dieser Faktoren zum Bewußtsein, so daß wir glauben, bei unseren Entschlüssen völlig frei, also akausal zu handeln. Tatsächlich aber handeln wir nur insofern frei, als alle unsere Entscheidungen uns selbst, also unserer Person entstammen, die eine bewußte und eine (bedeutsamere) unter- und unbewußte Seite aufweist. Von irgend einer Kausalität sind wir immer abhängig.

Wille ist streng zu unterscheiden von Instinkt und Trieb, die ja kein Bewußtsein voraussetzen, während Wille ohne Bewußtsein gar nicht denkbar ist; denn unser Wollen hängt von der Fähigkeit unseres Geistes ab, Einsicht in den Zusammenhang der Dinge zu nehmen und Schlüsse zu ziehen, sonst handeln wir willenlos, unüberlegt, triebhaft.

Unsere Willensfreiheit wächst also mit dem Grad unserer Einsicht in die Natur-, Lebens- und Sittengesetze und mit der Hartnäckigkeit, die wir zu ihrer Befolgung aufwenden. Die schon genannte Marie von Ebner-Eschenbach sagt: „So weit deine Selbstbeherrschung geht, so weit geht deine Freiheit."

Leider ist der Geist des Menschen häufig noch zu unentwickelt, um den göttlichen Weltenplan zu erkennen, und, wenn er ihn schon erkennt, zu schwach, um nach ihm zu handeln. Daraus ergeben sich dann Verstrickungen im Ursachennetz der Entwicklung, die den Geist in manchen Stücken unfrei machen, bis er wieder auf den rechten Weg findet und seine Triebe und Leidenschaften zu bändigen gelernt hat. Auch hier heißt es: „Übung macht den Meister" oder „Wer immer strebend sich bemüht, den können wir erlösen".

Jede unserer Entscheidungen und Handlungen, mögen sie uns selbst — also unsere leibliche, seelische oder geistige Sphäre — oder unsere Umwelt betreffen, beeinflußt unsere Willensfreiheit positiv oder negativ, weil sie unmittelbar auf unseren Geist wirken, auf den ja alle Gedanken und Handlungen zurückfallen — auf den sie gewissermaßen zurückspiegeln. So schwächt alles, was uns schwächt, logischerweise auch unsere Willenskraft, weil sie ganz von der Reife und Stärke unserer leiblichen, seelischen und geistigen Verfassung abhängt.

Zu Beginn der menschlichen Entwicklung, zu der Ansätze schon bei den höheren Tierarten zu finden sind, war das Bewußtsein jener Lebewesen ein unbeschriebenes Blatt. Es war noch leer und, soweit es noch keine bewußten Erfahrungen im vormenschlichen Stadium gesammelt hatte, willensmäßig völlig neutral, d.h. frei von bewußten Beweggründen. Die ersten bewußten Handlungen jener Menschen der Frühzeit erfolgten fast noch rein instinktmäßig und triebhaft. Erst allmählich, d.h. in Wechselwirkung mit der Steigerung der Denkfähigkeit nahm auch der Umfang der Willenshandlungen zu.

Darin liegt nun die Größe und die Tragik des Menschen, von denen ich schon gesprochen habe, daß sein sich erst entfaltender, in Neuland aufbrechender Geist sich die Gesamtwirklichkeit mit ihrer Gesetzmäßigkeit neu, d.h. jetzt bewußt, in langdauernder, mühseliger Arbeit, aber in völliger Freiheit, von keinerlei fremden Impulsen veranlaßt, erobern mußte. Was sein, vom

Ichstandpunkt aus betrachtet, unbewußtes Es oder Selbst bisher instinktmäßig meisterte, mußte jetzt unter Hinnahme von Fehlschlägen und Mißgriffen bewußt erkämpft werden. Der Wille des Menschen wurde sein Schicksal.

Der Mensch war ursprünglich also frei, d.h. sein Wollen war unbelastet. Er war und ist aber auch verantwortlich, und zwar für sich und seine Umwelt. Er steht vor einer heroischen Aufgabe. Die Gesetzmäßigkeit ist als göttlicher Wille in Form der Natur- und Lebensgesetze gegeben. Sie zu erkennen und nach ihr zu handeln, ist seine Aufgabe.

Durch Eingebung und Erleuchtung wird begnadeten Menschen immer wieder der Weg aufgezeigt, den die Menschheit zu gehen hat. Dieser Hinweis auf die Bedeutung der Ethik und der Metaphysik für das Wohlergehen der Menschheit ist besonders heute angesichts der sich überstürzenden technischen und wirtschaftlichen Entwicklung äußerst wichtig; denn metaphysische Unterernährung bedeutet sittlichen Niedergang und kulturellen Verfall, wie ich eingangs betont habe.

Die Versuche, auf Umweltreize bewußt zu antworten und die Umwelt bewußt zu beeinflussen, brachten neben Erfolgen auch Niederlagen und mit der Zeit Anhäufung persönlicher Schuld. Nach dem Gesetz der Wiedervergeltung muß der Mensch aber jede Schuld selbst abtragen, entweder im selben Leben oder später bei seiner Wiederkunft. Dem Wesen der Tragik wird man nur dann völlig gerecht, wenn man die Bedeutung der Wiedergeburt für die Entstehung der Tragik berücksichtigt; denn sie hat mitunter ihre Wurzeln in einem früheren Dasein.

Daß der Gedanke der Wiedervergeltung richtig ist, zeigt sich schon bei Verstößen gegen Gesundheitsregeln, bei denen, wie schon früher erwähnt, die Strafe häufig auf dem Fuße folgt. Deshalb ist es auch widersinnig, von einem Medikament endgültige Heilung erwarten zu wollen, wenn nicht gleichzeitig die

Ursache der Erkrankung abgestellt wird, wenn also der Kranke bei der Heilung nicht aktiv mitwirkt.

Und was den Wiedergeburtsgedanken anbelangt, so steht und fällt mit ihm der Gedanke der Willensfreiheit. Ich werde auf diese Probleme noch zurückkommen.

Das Ziel der Schöpfung liegt fest. Das Weltenschauspiel ist im Geist geschrieben. Da wir Menschen bei jeder Wiedergeburt in eine bestimmte Umwelt hineingeboren werden, ist auch die Art unserer Rolle, die wir zu spielen haben, festgelegt.

Über dem menschlichen Willen waltet der göttliche. Um ihm Geltung zu verschaffen, sind nun neben gewissen geistigen Gesetzen verschiedene Sicherungen in den Seinsablauf des Menschen eingebaut. Als Antrieb: der Selbsterhaltungs- und der Fortpflanzungstrieb; als Richtungsweiser: der Instinkt, spontane Eingebungen, Ahnungen, Gesichte und das Gewissen oder „das moralische Gesetz in uns", das sich im Lauf der Entwicklung im Menschen bildete und von ihm allmählich verfeinert wurde; als Hemmungen: Krankheit, Leid und Not und u.U. der Tod. Nicht umsonst wird das Leid der große Erzieher der Menschheit genannt.

Diese Einschränkungen sind gemeint, wenn Hölderlin schreibt: „Es ist ein Gott in uns, der lenkt wie Wasserbäche das Schicksal, und alle Dinge sind sein Element".

Innerhalb dieser vorgesehenen Grenzen können wir frei entscheiden. Niemals dürfen wir aber vergessen, daß unsere Lebensaufgabe nicht der Genuß ist, sondern daß der Kampf ums Dasein im Sinn einer Höherentwicklung der Menschheit geführt werden muß.

Bei Zuwiderhandlungen gegen den göttlichen Willen treten früher oder später die genannten Hemmungen in Kraft, einerlei ob sich um den einzelnen Menschen oder um ganze Völker handelt.

Da wir bei jeder Entscheidung nach dem jeweiligen Querschnitt und der Stärke der uns beeinflussenden Faktoren auf die Umwelteinflüsse antworten, bezw. auf die Umwelt einwirken, wobei bewußte Überlegungen, Unbewußtes und Unterbewußtes — also Gefühlsmäßiges, Vergessenes und Verdrängtes — mitsprechen, handeln wir frei. Die Gründe für unsere Entscheidungen liegen ja in uns selbst. Es liegt an uns selbst, ob wir den Urwillen frei oder gezwungen erfüllen wollen. Wir müssen uns nur bemühen, die guten Beweggründe in uns zu fördern. Die schlechten sterben dann von selbst ab.

In früheren Lebensläufen haben wir aber aus Unerfahrenheit und Schwäche manche Schuld auf uns geladen, die unsere Willensfreiheit heute belastet. Man denke nur an angeborene Fehler und Schwachheiten, für die die Erbforscher von ihrem Standpunkt aus allerdings ganz richtig das Erbgut verantwortlich machen, ohne jedoch erklären zu können, weshalb eine angeborene organische oder sittliche Schwäche nicht bei allen Kindern eines und desselben Elternpaares vorkommt, wie man meinen sollte; genauer gesagt: weshalb — von den eineiigen Zwillingen vielleicht abgesehen — solche Kinder nicht genetisch gleich sind.

Alles in allem genommen, sind wir theoretisch heute wohl frei, praktisch aber erst auf dem Wege zu völliger Willensfreiheit im Rahmen der erwähnten Beschränkungen durch eingebaute Sicherungen.

In jedem Stadium der geistigen Reife handeln wir aber kausal, d.h. veranlaßt durch bestimmte in unserem Wesen liegende Beweggründe, auch wenn wir sie nicht alle übersehen. Letztere Fähigkeit kann nur ein allumfassendes Bewußtsein besitzen, welches das gesamte im Seelen- und Geistesleben des einzelnen Menschen wie in der materiellen Welt wirkende Ursachennetz der Entwicklung vor- und rückwärts in großartiger Schau zu überblicken und zu beurteilen vermag.

Jede materielle Erscheinung muß nämlich als Bewegung in Zeit und Raum auftreten; denn in der Zeit wird der Ablauf des Geschehens, das Nacheinander, und im Raum die Gleichzeitigkeit des Geschehens, das Nebeneinander gemessen.

Ist der Raum das Urbewußtsein — Näheres hierüber folgt noch —, dann ist alles, was sich im Weltall einmal begeben hat, im Gedächtnis dieses Urbewußtseins aufgezeichnet, auch die Vorgänge im menschlichen Gehirn, die ja auch ihre materielle, physiologische Seite haben; denn wie jeder energetische Vorgang eine Entsprechung im Materiellen hat, so hat jeder geistige Vorgang eine Entsprechung im Leiblichen. Das leibliche Geschehen, umfangen von der menschlichen Gestalt, ist Kennzeichen und Ausdruck für das Auftreten und Wirken des menschlichen Geistes. Die Gehirnströme zeigen äußerlich das innere Geschehen, des Denken und Fühlen, an. Beide Vorgänge fallen zusammen: Materie in allen Daseinsformen und -stufen ist die äußere Seite, Energie, Leben, Seele und Geist die innere Seite des Seins. Beide sind eines und dasselbe, nur jeweils von einem anderen Standpunkt aus beleuchtet, wie ich schon erwähnt habe. Wir Menschen sind äußerlich für den Anatomen, den Physiologen, den Anthropologen und den Chemiker interessant, innerlich für den Psychologen, den Psychiater, den Geistlichen und u.U. für den Scharfrichter.

Für den in spiritualistischem Denken — philosophisch aufgefaßt! — Geübten ist diese Einheitsschau selbstverständlich, weil er das ganze Weltgeschehen idealistisch als einheitlichen, geistigen Ausfluß des göttlichen Willens ansieht.

Der Mensch handelt also frei, aber kausal, nach in ihm liegenden Beweggründen, wobei das Urbewußtsein dank der Allgemeingültigkeit des Kausalitätsprinzips für Mensch und Natur diese Beweggründe, wie überhaupt alle Vorgänge bis in die fernste Zukunft hinein, überschaut und deshalb Prophetie ohne Beeinflussung der menschlichen Willensfreiheit möglich ist. Prophetie bindet also nicht.

Wem diese Erkenntnis schwer eingehen will, der sei an Mephistos Worte in Goethes „Faust" erinnert: „Glaub' unsereinem, dieses Ganze ist nur für einen Gott gemacht!" Wir sind eben nur winzige Rädchen im großen Getriebe des Alls und müssen uns angesichts der Fülle der auf uns zukommenden Probleme, vorerst wenigstens, bescheiden. Trotzdem verzagen wir nicht, können wir doch allen Zweifeln und Anfechtungen die Antwort Fausts entgegensetzen: „Allein ich will!"

Auch der Weise, der Vollkommenheit erlangt hat, soweit dies einem Menschen auf der jetzigen Entwicklungsstufe der Menschheit schon möglich ist, kann nicht akausal handeln. Er kann nicht gegen seine Einsicht Böses tun und gegen seine Überzeugung handeln. Seine Willensfreiheit ist höchste Bindung an ein Sittengesetz, das er sich selbst gibt und das sich bei allen Menschen, mehr oder weniger tief empfunden und gestaltet, als Norm zeigt. Absolute Willensfreiheit gibt es nicht. Sie wäre Willkür und würde zu unberechenbarer, akausaler Zügellosigkeit führen, während gewöhnliche, triebhafte Zügellosigkeit kausal bedingt ist. Auch wäre ein sich selbst bestimmender Wille ein Widerspruch in sich selbst, weil der Wille immer abhängig ist.

Wenn unser Wille mit dem selbstgeschaffenen „moralischen Gesetz in uns", unserem Gewissen, eins ist, sind und fühlen wir uns frei.

Daß wir auf dem Weg zur Willensfreiheit im allgemeinen sind und die Natur dahin zielt, geht schon daraus hervor, daß es uns Menschen im Gegensatz zu Pflanze und Tier gelungen ist, völlige Freizügigkeit zu erreichen und uns von Umwelteinflüssen wie Witterung u.ä. weitgehend unabhängig zu machen, ja die Umwelt nach unseren Bedürfnissen umzugestalten. Warum soll aber, was unserem Geist nach außen hin möglich ist, nicht auch nach innen hin möglich sein?

Zu bedenken ist ferner, daß wir, wie schon erwähnt, für unsere Handlungen verantwortlich sind; denn ihre Folgen fallen auf uns zurück. Diese Tatsache zwingt uns ebenfalls, an die Willensfreiheit zu glauben, wenn anders der Glaube an eine sittliche und gerechte Weltordnung nicht eine Täuschung sein soll.

Auch die Tatsache, daß angesichts der Unmöglichkeit, einen unmittelbaren Gottesbeweis zu liefern, *unserem* Ermessen die Entscheidung überlassen bleibt, an eine überirdische Macht zu glauben oder nicht, zielt auf menschliche Willensfreiheit hin. Wäre nämlich eine Gottheit apodiktisch nachweisbar, wären wir mindestens in Glaubenssachen nicht unbefangen und willensfrei. An Stelle der freiwilligen, sittlichen Bindung träte dann eine unfreie, weil eine wahrnehmbare Gottheit allein durch die Nachweisbarkeit ihrer Existenz eine gewisse Wirkung auf unser sittliches Verhalten ausüben würde.

Über die Hölle als Möglichkeit einer Willensbeeinflussung viel zu sagen, erübrigt sich. Der Glaube an sie vermag zwar manchen leichtgläubigen Menschen zu beeindrucken; aber sie ist ein Phantasieprodukt. Allerdings kann ein schlechter Mensch sie, bildlich gesprochen, in sich erzeugen und durch sein übles Wesen auch seiner Umwelt das Leben zur Hölle machen. Aber als ein abgegrenzter Ort der Außenwelt existiert sie nicht. Der Gegenspieler der Gottheit, wenn man so will, wohnt in unserer eigenen Brust. Deshalb liegt auch je nach dem Überwiegen des Guten oder Bösen Himmel oder Hölle inwendig in uns.

Der Teufels- und Hexenwahn ist damit von selbst abgetan.

Und was den Tod anbelangt, so kann auch er unsere Willensfreiheit beeinflussen. Eine solche Beeinflussungsmöglichkeit hängt ganz von unserer weltanschaulichen und sittlichen Einstellung ab. Er ist ein Mahner, dessen Macht man nicht durch Ausmalung eines unmittelbaren Weiterlebens nach dem Tode in einem schöneren Jenseits oder einer späteren Wiederauferstehung in einem solchen verharmlosen oder den man nicht durch Zurschaustellung eines trügerischen Heroismus, der vor der Tatsache der Unerbittlichkeit des Todes doch nicht standhält, gewissermaßen übersehen sollte. Dazu ist die Angelegenheit zu ernst.

Es ist ein trügerisches Unterfangen, seine Bedeutung durch die Hoffnung auf einen Gnadenakt schmälern zu wollen.

Der Tod ist aber auch nicht der Sünde Sold, sonst müßte man fragen, was denn die doch jenseits von Gut und Böse lebenden Tiere verbrochen haben sollten, da sie ja auch sterben müssen. Er ist unser aller unabwendbares Schicksal, mit dem es sich auseinanderzusetzen gilt. Aber schon in dieser Ausnahmslosigkeit liegt ein gewisser Trost. Er ist auch unser Freund, der, wie der Schlaf, allen Ballast von uns abfallen läßt und durch das große Vergessen einen Neubeginn verheißt.

Der Gläubige ist allerdings gegenüber dem Ungläubigen im Vorteil, weil er überhaupt eine Hoffnung hat und außerdem je nach seiner Einstellung mit der Möglichkeit rechnen kann, durch eine richtige Lebensführung sein zukünftiges Leben günstig zu beeinflussen.

Zum Schluß sei zusammengefaßt:

Wille ist der auf die Erreichung eines bestimmten Zieles gerichtete Geist. Er ist also keine angeborene Anlage, sondern ein Spannungszustand des Geistes.

Er vollzieht sich stets im Zustand der Bewußtheit; andernfalls handelt es sich um triebhaftes oder instinktmäßiges Handeln oder um Affekthandlungen.

Je nach der Art der Zielsetzung ist der Wille rein oder unrein. Der unreine Wille steht, wie der Name sagt, im Dienst unreiner, unsittlicher Beweggründe, der reine im Dienst reiner, sittlicher Beweggründe.

Willensfrei handelt der Mensch, wenn es sich nicht um triebhaftes oder instinktives Handeln oder nicht um Affekthandlungen dreht und wenn die sonstigen Beweggründe in ihm selbst liegen.

Im allgemeinen ist der Mensch auf dem Weg zur Willensfreiheit. Er ist teils frei, teils noch unfrei.

Echte Willensfreiheit liegt vor, wenn der Mensch die Fähigkeit der freien Entscheidung besitzt und auf Grund einer aus richtiger Einsicht gewonnenen Haltung handelt. Dies ist das von jedem zu erstrebende Ziel.

Höchste Willensfreiheit ist also größte Bindung an ein Sittengesetz, das sich der Mensch laufend selbst gibt und dem er sich unterwirft. Nur der geistig und sittlich Vollkommene, der Gottmensch, ist wirklich frei, während der Tiermensch noch nicht so weit ist. Zwischen den beiden Polen „Zügellosigkeit" und „sittliche Gebundenheit" liegen die Abstufungen menschlicher Willensfreiheit.

Je nach dem Stärkegrad, mit dem sich der Wille durchsetzt, spricht man von einem starken oder einem schwachen Willen. Beeinflußt wird dieser Grad von der Vitalität des Willensträgers und von der Bedeutung, die das erstrebte Ziel für ihn besitzt. Der Körperschwache und der Kranke werden im allgemeinen einen wesentlich schwächeren Willen haben als der Gesunde und Starke. Der Gemütsvolle oder gar der geistig Schaffende werden ihre Triebe und Leidenschaften leichter beherrschen als der Nichtstrebende, weil sie von höheren Neigungen beseelt sind, denen gegenüber Triebe und Leidenschaften zurücktreten, und weil nur da, wo nichts gesät wird, das Unkraut am besten gedeiht. Der harmonische Mensch, dessen Leib, Seele und Geist im Einklang stehen, wird den auf fortschreitende Entwicklung gerichteten göttlichen Willen leichter und besser erfüllen als der disharmonische und wird umgekehrt Anfechtungen und Leidenschaften eher widerstehen als letzterer.

Deshalb ist neben der Leibespflege auf die Ausbildung der inneren, seelisch-geistigen Kräfte größter Wert zu legen.

Dem Betrunkenen wird schon eine kleine Unebenheit des Weges zum „Zufall", der ihn stürzen läßt, während z.B. der in sich Ruhende und Gesammelte durch seinen wachen inneren Sinn dem herabfallenden Dachziegel, bewußt oder unbewußt, rechtzeitig ausweicht. Bei ihm schwingt eben ungehindert jene mystische Saite mit, die uns alle mit dem Unsichtbaren verknüpft, den einen mehr, den andern weniger. Dieser letztere Umstand ist auch der Grund, weshalb nicht jedem jedes zustößt.

Die scheinbare Verworrenheit des ganzen Problems rührt daher, daß der einzelne Mensch theoretisch zwar willensfrei, praktisch jedoch meistens erst auf dem Weg zur Willensfreiheit ist, oder anders gesehen: daß in den Fällen des Alltags die Willensfreiheit meistens offensichtlich ist, während sie in den Selbstbeherrschung oder schwierige Entscheidungen verlangenden Fällen häufig nicht sichtbar zutage tritt, weil die im Unterbewußtsein oder im Unbewußten mitspielenden Faktoren eben nicht erkannt und deshalb bei der Beurteilung der Frage der Willensfreiheit nicht berücksichtigt werden.

Wir dürfen das Problem der Willensfreiheit nicht an der kurzen Phase eines Augenblicks, ja nicht einmal an einem ganzen Menschenleben studieren, sondern müssen es im großen Zusammenhang der menschheitlichen Entwicklung betrachten. In der Welt ist alles auf Entwicklung hin angelegt und dem ist auch die Willensfreiheit unterworfen.

Zu lösen ist also das Problem nur, wenn man den Gedanken der Wiedergeburt und der Wiedervergeltung mit einbezieht;

sonst ist auch die Tatsache der Selbstverantwortung nicht in allen Fällen sittlich zu rechtfertigen und zu verstehen.

Im übrigen gilt für die Willensfreiheit das gleiche Gesetz wie für die wirtschaftliche Freiheit und Unabhängigkeit: wir müssen dauernd darum ringen, sonst unterliegen wir fremden Einflüssen.

Wir erreichen auch nur den Grad von Willensfreiheit, den wir verdient haben. Willensfreiheit ist der Lohn für Selbstbeherrschung.

Der Mensch besteht, wie gesagt, nicht nur aus einem bewußten Ich, sondern zu einem weit größeren Teil aus einem unbewußten Es oder Selbst, das die Wurzel seines Seins ist. Dieses Es trägt von Anfang an als Abglanz des Göttlichen den Stempel des Persönlichen, Einzigartigen und Selbständigen, kurz eines willensfreien Wesens. Da unbewußtes Es und bewußtes Ich eine Einheit bilden, überträgt sich der Abglanz des Göttlichen und damit auch des Willensfreien mehr oder weniger ausgeprägt auch auf das bewußte Ich. So tragen das unbewußte Verhalten, mit dem das Individuum mitunter in nachtwandlerischer Sicherheit sich durch eine Gefahr bewegt, oder Ahnungen und Eingebungen, die es zu einer bestimmten Haltung veranlassen, den Charakter des Willensfreien, weil sie eben aus einer der betreffenden Persönlichkeit allein eigenen Verfassung heraus erfolgen.

Stets entspringen die entscheidenden Gründe für ein bestimmtes bewußtes oder unbewußtes Verhalten des Menschen seinem eigenen Innern und werden nicht von einer äußeren Kraft an ihn herangetragen.

Deshalb ist der Mensch mit Recht für alle seine Handlungen und für sein Verhalten verantwortlich, auch dort, wo sie Folge angeborener, also in früheren Lebensläufen erworbener Anlagen sind.

Raum, Bewußtsein, Urgrund und Urbewußtsein

In unserem Bewußtsein spiegelt sich relativ die reale Welt, die Außen- oder objektive Welt. Das Bewußtsein ist, symbolisch ausgedrückt, der Raum, in dem das Weltgeschehen für den einzelnen abläuft, der Ort, in dem sich die Dinge für ihn bewegen; während der reale oder physikalische Raum eben der „Raum an sich" ist.

Bei dieser Auffassung wird verständlich, warum die Physiker vom endlichen, aber grenzenlosen Raum sprechen können; denn dem „Raum an sich" ist durch die Gesamtheit der materiellen oder physikalischen Erscheinungen des Alls ein Ende gesetzt, und zwar dort, wo sie aufhören, wie auch unserem Bewußtsein, dem Raum als Wirkung oder Anschauungsform, durch die Gesamtheit der uns möglichen Vorstellungen ein Ende gesetzt ist. Aber stets können weitere Himmelskörper gefunden oder andere Entdeckungen gemacht werden und durch ihre Wahrnehmung die Grenzen des realen Raumes wie auch die Grenzen in unserem eigenen Raum, unserem Bewußtsein, weiter hinausgeschoben werden, d.h. stets kann unser Bewußtsein erweitert werden. Einer solchen zusätzlichen Erweiterung, wie auch einer solchen durch weitere Materialisationen, sind hier wie dort keine Grenzen gesetzt. Daher die Grenzenlosigkeit des Raumes und unseres Bewußtseins bei aller Endlichkeit.

Der physikalische Raum und das menschliche Bewußtsein, unsere Vorstellungs- und Begriffswelt, entsprechen also einander. Der erstere ist der objektive Raum, das letztere ist der subjektive Raum.

Bewußtsein ist eine im Verlauf der Entwicklung der Organismen erreichte Entwicklungsstufe, auf der sich geistige Fähigkeiten äußern. Wo gedacht wird, ist Bewußtsein, und wo Bewußtsein ist, wird gedacht. Eines schließt das andere in sich ein.

Wenn man von einem Menschen sagt, er sei bei Bewußtsein, dann meint man, er sei denkfähig. Der Zustand der Bewußtlosigkeit ist eine Störung der Bewußtseinsfähigkeit.

Bewußtsein kann also als Eigenschaft betrachtet oder als ein Zustand angesprochen werden, in dem der Mensch eine angeborene Fähigkeit zu denken besitzt. Der Gegensatz zu Bewußtsein ist die Welt des Unbewußten, besser ausgedrückt, die Welt des (jenseitigen) Nichtichbewußten. Alle sonstigen psychischen Inhalte — seien sie in diesem oder vielleicht auch in vergangenen Lebensläufen einmal bewußt gewesen, also Vergessenes und Verdrängtes, oder seien sie unbeachtet hinabgesunken — gehören dem diesseitigen Unterbewußtsein an, von wo sie unter geeigneten Umständen von selbst wieder aufsteigen oder durch geeignete Maßnahmen, wie Hypnose, ins Bewußtsein zurückgerufen werden können. Die Begriffe „Diesseits" und „Jenseits" werde ich später noch erläutern.

Ich muß hier einschalten, daß die Tiefenpsychologie seit dem Schweizer C.G. Jung ein „kollektives Unbewußtes" erhellt hat, das in vorzeitliche seelische Tiefen reicht, unterhalb deren aber m.E. weitere Tiefen liegen, die bis zu den Anfängen der Schöpfung reichen und die unbewußte Urerfahrung der Organismen während ihres gesamten Entwicklungswegs enthalten.

Diese Auffassung würde das uns unbewußte Wissen unseres Es oder Selbst hinsichtlich des organischen wie des seelisch-geistigen Lebensablaufs erklären — ein Wissen, das z.B. das harmonische Zusammenspiel im hormonalen Geschehen unseres Leibes so wundersam steuert. Leiblich gesehen, ist dieses Wissen im Erbgut, also im Keim der Organismen verankert.

Diese Tiefen endigen in einem Grund, der die Organismen, also auch den Menschen, mit dem Urbewußtsein verbindet. Aus diesem Urgrund steigen die Eingebungen, Ahnungen, Gesichte und die Prophetie. Ich werde auf diese Dinge noch zurückkommen.

Während allein dem Menschen Bewußtsein im vollen Sinn zu eigen ist, darf den höheren Arten der Tiere eine Art von Dämmerbewußtsein zugesprochen werden. Sonst ist der Zustand der Tiere im Vergleich zum menschlichen Bewußtsein derjenige der Wachheit.

Bewußtsein und Raum sind abstrakte Begriffe, die das gemeinsam haben, daß sie ohne Verbindung mit einem Inhalt nicht vorgestellt werden können; denn sie sind dann gewissermaßen ein Nichts.

Bewußtsein ist also dort, wo sich Begriffe formen oder wo sie gebildet werden, und wo sich Körper befinden bezw. bilden, da ist Raum.

Begriffe sind aber Symbole oder geistige Abbilder der Körper des außenweltlichen Raumes. Da nun nach meinen früheren Ausführungen über das Wesen der Stofflichkeit so wenig umumstößlich Sicheres ausgesagt werden kann wie über die Existenz oder das Wesen der Gottheit, verstößt man gegen kein Gesetz der Logik, wenn man dem Wesen der Natur geistigen Charakter zuschreibt.

Wir wir wissen, herrscht schon auf der untersten Stufe der Entwicklung, im inneratomaren Geschehen, eine mathematisch beschreibbare Gesetzmäßigkeit, die als Ausfluß eines Geistes anzusprechen ist; denn die Natur bringt den Menschen wohl materiell hervor, aber der menschliche Geist ist damit noch nicht geschaffen. Er hat sich nicht einfach aus der Materie herausentwickelt, wie die Materialisten annehmen, sondern er konnte erst in der Zwiesprache des Ich mit der übrigen Natur entstehen. Dies war doch nur möglich, wenn Geist einer der ursprünglichen Wesenszüge der Natur ist, der schon im ersten Atom verborgen vorhanden war und sich im Menschen in fortgesetzter Wechselwirkung allmählich subjektiviert hat — wenn Eros und Logos als Ausdruck einer und derselben Macht überall am Werk sind und die Grundlage der Entwicklung bilden; d.h. es mußte etwas im Menschen vorhanden sein, das dieses Zwiegespräch von seiner Seite aus führen konnte.

Der Freiburger Pathologe Professor Franz Büchner schreibt in seinem Buch „Vom geistigen Standort der modernen Medizin": „Der Logos in uns und der Logos in den Dingen vermählen sich im Akte der liebenden Erkenntnis, und aus dieser Ehe zeugt und gebiert der Mensch eine Welt".

Wenn das richtig verstandene Diesseits, d.i. unsere subjektive oder Bewußtseinswelt, geistiger Natur ist — und daran ist nicht zu zweifeln —, dann muß auch die wesens- und ursachenmäßige Grundlage des Diesseits, nämlich das Jenseits, geistiger Natur sein. Man denke an die „Übersetzungen", die ich angeführt habe! Dann kann man den außenweltlichen Raum oder das Weltall die Bühne des Ur- oder Allbewußtseins nennen, von dem unser Individualbewußtsein seine geistige Nahrung erhält. Dann sind die materiellen Erscheinungen der Außenwelt die Sprache oder Schrift des Urbewußtseins, wie ich schon angedeutet habe.

Dies schließt nicht aus, daß abstrakte Begriffe und Gedankengebilde wie die Ethik und die Ästhetik zum Beispiel, denen in der realen Welt keine Urbilder gegenüberstehen, bei vorgeschrittener Bewußtseinsreife im Menschen spontan entstehen können. Im Gegenteil: diese Tatsache spricht geradezu für die Geistigkeit und Göttlichkeit der gesamten Natur. Es ist ja nicht das menschliche Ich, das diese geistigen Schöpfungen hervorbringt, sondern sein im Unbewußten wirkendes Es oder Selbst, das göttlichen Charakter besitzt.

Nachdem nämlich der Mensch sein Denkvermögen an der Körperwelt geschult und seine Begriffs- und Vorstellungswelt entwickelt hat, kann sich ihm das Ur von innen her mitteilen. Das Urbewußtsein kann sich jetzt dem Ichbewußtsein unter Umgehung von Zeit und Raum unmittelbar durch Eingebung verständlich machen.

Es möge an dieser Stelle erwähnt werden, daß das Urbewußtsein von anderer, höherer Geistigkeit und Art als der menschliche Geist und deshalb von uns Menschen in seinem ganzen Umfang gar nicht zu erfassen ist. Der Schöpfer ist immer mehr und steht höher als sein Werk.

Aus nichts kann nicht etwas werden. An der unbedingten Gültigkeit dieses Satzes können wir nicht zweifeln; es sei denn, wir stellten Logik und Denken überhaupt in Frage. Was aus den Menschen an schöpferischen Eingebungen aller Art unvermutet hervorquillt, sind nicht Erzeugnisse einer Natur von rein materieller Struktur, die solcher geistigen Leistungen gar nicht fähig wäre, weil sie sie einfach nicht besitzt und auch nicht aus dem Nichts hervorzaubern kann, sondern Erzeugnisse einer dynamisch-spirituellen Urmacht, die sich hinter oder in der Natur verbirgt.

Man kann die Art dieser Eingebungen weder vorhersagen noch irgendwie erzwingen und, da man die Ursache der Eingebungen ihrem Wesen nach nicht kennt, letztere auch nicht im Experiment kausal-mechanisch darstellen. Man kann sich nur für sie offenhalten.

Wir rühren hier an das Geheimnis der Schöpfung. Wir stehen vor ihrem Urquell, als dessen eine Fassung wir in diesem Fall die Gestalt des Menschen erkennen. Hier unterliegt ein Vorgang nicht mehr der äußeren Kausalität, sondern einer verborgenen inneren, der mit rationalen Mitteln nicht mehr beizukommen ist. Dieses Schöpfungsgeheimnis kann von uns Menschen nicht erkannt, es kann, wie alles Religiöse, nur erlebt werden.

Auch das Schaffen der Denker, Dichter und Künstler, in deren Bewußtsein spontan völlig neue, noch nie dagewesene Gedanken, Gestalten, Bilder oder Töne auftauchen, weist zwingend auf eine geistige Schöpfermacht hin. Diese Menschen werden von innen heraus zu ihrem Tun getrieben, genau so wie die Samenkörner, deren innewohnende Wachstumsenergie sofort zu wirken beginnt, wenn die erforderlichen Bedingungen gegeben sind.

Selbst wenn man Bewegung in allen ihren Formen als eine rein physikalische Angelegenheit betrachten wollte — womit über die Quelle ihrer Energie und ihre Umwandlung in höhere Formen wie Leben, Wachstum usw. noch nichts ausgesagt wäre—, ließe sich die Annahme einer rein materiellen Ursache für die Schöpfungen der Genannten nicht vertreten; denn Materie im hergebrachten Sinn, die doch stets objektiv wahrnehmbar, d.h. irgendwie gestaltet auftritt und deren Wirkung auf andere Gestaltungen dadurch ursächlich verfolgt werden kann, kommt hier als Ursache nicht in Betracht, weil die Eingebungen spontan und rein subjektiv von innen heraus erfolgen.

Mit dem Menschen ist zudem etwas ganz Neues in die Welt gekommen, nicht nur weil jetzt ein Geschöpf der Natur, also auch sich selbst, erkennend gegenübersteht, sondern weil dieses Geschöpf der Natur die Zügel der Entwicklung aus der Hand zu nehmen beginnt. Der Lehrling fängt an, dem *scheinbaren* Meister über den Kopf zu wachsen. Während vorher sozusagen der Geist der Natur den menschlichen Körper geformt hat, beginnt jetzt der Geist des Menschen den Körper der Natur, wenn auch zunächst mit zweifelhaftem Erfolg und mit vielen Fehlgriffen, zu formen.

Wenn die Natur nicht von Anfang an selbst ein abhängiges Gebilde gewesen wäre, hätte dieser Umschwung nicht eintreten können; denn dann wäre der Mensch der Natur als ausschließlich von ihr abhängiges Wesen stets in allem unterlegen geblieben. Wie hätte sich im Menschen etwas bilden können, das die Natur *ihren äußeren Erscheinungen* nach doch offensichtlich selbst nicht hat, nämlich geistige Fähigkeiten! Nur wenn man unterstellt, daß sich hinter den Erscheinungen der Natur oder in der Natur eine übergeordnete Macht mit solchen geistigen und noch höheren Fähigkeiten verbirgt, die erst die Erscheinungen der Natur hervorruft, gelangt man zum Verständnis des ganzen Geschehens.

Auf jeden Fall muß man zugeben, daß mit dem Auftreten des Menschen als Geschöpf der Natur die in ihr bisher verhüllte Zielstrebigkeit offenkundig wird.

Das Rätsel der Bewegung

Die das ganze All durchpulsende Bewegung, aus der sich Leben entwickelt hat, dieses „Perpetuum mobile des Alls", das die Herzen jahrzehntelang in unaufhörlichen Rhythmen schlagen und das durch die Zeugungskraft die Organismen das Leben vielfältig weitergeben läßt, ist das größte Rätsel und Wunder, aus denen erst die anderen hervorgegangen sind.

Bewegung ist die Voraussetzung jeder Wahrnehmung; denn erstens sind die Lebensvorgänge der wahrnehmenden Organismen selbst auf Bewegung aufgebaut und zweitens müssen sich die von den wahrzunehmenden Dingen ausgehenden Wirkungen auf die wahrnehmenden Organismen zu bewegen und ihre Tastsinne erregen.

Die Ursache jeder Bewegung, das große Geheimnis des Alls, kann nicht rational erklärt werden, sondern nur religiös. Kein Materialist oder Atheist dürfte eine stichhaltige Erklärung für ihre Ursache finden, die der religiöse Mensch in der Gottheit sieht. Man kann auch nicht als Ausweg die Ansicht vom „werdenden Gott" vertreten; denn eine solche ist ein Widerspruch in sich selbst, da unter dem Begriff „Gott" ein vollendetes, abgeschlossenes Sein verstanden wird, das ein Werden ausschließt, ganz abgesehen davon, daß dann das Wunder der Selbstentwicklung aus dem Nichts als Problem auftaucht.

So bleibt als weltanschaulich-religiöse Alternative nur: entweder ist die Natur göttlichen Ursprungs oder sie ist es nicht. Ist sie göttlichen Ursprungs, dann sind auch wir Menschen, die wir aus ihr vervorgegangen sind, göttlichen Ursprungs, und die Natur ist die Sprache und Schrift der Gottheit, an deren Lehre wir uns halten müssen. Ist sie es nicht, dann sind auch wir Menschen als ihr Erzeugnis nicht göttlichen Ursprungs und alle Gedanken an eine Wiederauferstehung und ein Weiterleben nach dem Tode in einem Jenseits oder an eine Wiedergeburt in dieser Welt sind von vorneweg reine Phantasie. Dann ist die Welt eben eine rein materielle Zufallswelt und die geistigen Erscheinungen sind ihr Attribut. In letzterem Falle wäre die Entwicklung des Alls als Folge einer blind waltenden Kraft anzusehen und alles Werden als Zufallsentwicklung zu betrachten. Dann stoßen wir aber bei der Betrachtung der Gesamtwirklichkeit auf Widerspruch, wie wir gesehen haben und weiter sehen werden.

Nebenbei gesagt, ist der landläufige Unsterblichkeitsgedanke insofern unlogisch, als erstens nur das, was schon immer existierte, unsterblich und ewig sein kann und als zweitens jede irgendwie geartete Erscheinungsform den Keim des Verfalls in sich trägt. Alles ist im Fluß. Der Gedanke an ein ewiges Weiterleben in irgend einer gleichbleibenden Gestalt, z.B. in einem „Äther-" oder „Astralleib", ist eine Utopie. In dieser Hinsicht ist der Wiedergeburtsgedanke, soweit er einen unsichtbaren ewigen, transzendenten Keim bei veränderlicher und vergänglicher Gestalt annimmt, viel folgerichtiger.

Anzunehmen, daß das ganze Dasein Ausfluß eines aus sich selbst wirkenden Mechanismus sei, wäre der allergrößte Wunderglaube, den man sich überhaupt denken könnte. Ein solches Dasein gliche einer Maschine, die sich selbst reparierte und sich selbst weiter vervollkommnen könnte.

Wie bei der Maschine nicht der Haufen von Einzelteilchen ihr Wesen ausmacht, sondern die Idee des Konstrukteurs, so gewährleistet bei den Organismen nicht die Summe der einzelnen Körperteile ihr Funktionieren.

Man kann auch nicht sagen: Hier oder dort ist der Sitz des Lebens oder einer schemenhaften, im Körper wohnenden Seele. Die Dynamik der Entwicklung ist hinter der wahrnehmbaren Fassade der Gestalten verborgen. Ihr Wesen ist auf Grund der Anlage unserer Sinnesorgane nicht erkennbar.

Der Mensch zeichnet sich vor den anderen Lebewesen darin aus, daß er dieses Wesen bewußt erlebt, daß er denkt. Aber wie bei der Maschine gehört die Konstruktionsidee des Lebendigen dem außerhalb der Gestaltungen existierenden Konstrukteur an, der in diesem Fall aus der jenseitigen, metaphysischen oder transzendenten Seite der Gesamtwirklichkeit heraus wirkt.

Dem Atheismus dürfte es nach dem Gesagten kaum möglich sein, für seine Ansicht einen stichhaltigen Beweis zu liefern.

II.

Einleitung

Im ersten Teil dieser Arbeit habe ich klarzumachen versucht, daß wir die Erscheinungen der Außenwelt, die Gegenstände, nicht so wahrnehmen, wie sie an sich sind oder sein mögen, sondern nur ihre Wirkungen auf unsere Sinnesorgane.

Ich möchte kurz wiederholen:

Wir nehmen wohl Eindrücke — nämlich was unseren Sinnesorganen von der Außenwelt eingedrückt wird — wahr, nicht aber das Wesen oder die Ursache dieser Sinneseindrücke selbst. Diese Eindrücke werden in unserem Gehirn zu Vorstellungen und Begriffen — also zu geistigen Gegebenheiten — verarbeitet. Hierbei entsteht das Denkvermögen und das Bewußtsein.

Ähnlich den Vorgängen beim Rundfunk und Fernsehen, wo geistige Äußerungen ohne Wahrnehmung der Quelle übertragen werden, dürfen wir annehmen, daß es sich beim Erkennen der Außenwelt, der Natur, ebenfalls um Übertragung geistiger Äußerungen handelt, deren Ursache wir ebenfalls nicht wahrnehmen, und daß wir diese Äußerungen aber richtig verstehen, weil sie uns gestatten, dank der daraus gewonnenen Erkenntnisse das Dasein mehr oder weniger gut zu bestehen und auch Hilfsmittel zu seiner besseren Bewältigung zu schaffen, ja sogar Veränderungen an der Natur selbst vorzunehmen, m.a.W. in den Geist der Natur einzudringen.

Einen vollgültigen Beweis für die Geistigkeit und Göttlichkeit der Gesamtwirklichkeit gibt es jedoch nicht. Die Entscheidung hierüber bleibt unserem eigenen Ermessen überlassen, weil sonst der Gedanke der menschlichen Willensfreiheit eingeschränkt würde. Wir müssen uns in allen Lebensfragen eben unsere Erkenntnisse selbst erarbeiten. Nur das Material hierfür wird uns an die Hand gegeben.

Ohne die Erscheinungen der Außenwelt, zu denen auch unser eigener Körper gehört, hätte kein Bewußtsein entstehen können, weil jede Begriffsbildung unmöglich gewesen wäre. Sender — eben die Ursache der bewirkten Sinneseindrücke — und Empfänger, nämlich wir Menschen, würden eben fehlen.

Der menschliche Geist bedarf also der Außenwelt als Seinsgrundlage, weil Vorstellungen und Begriffe nur durch Anschauung entstehen können. Sie sind geistige Abbilder — wenn auch relative — der Gegenstände des außenweltlichen Raumes. Sie sind Symbole, die zum Aufbau unserer eigenen geistigen Welt dienen.

Dem objektiven, physikalischen Raum mit seinen Gebilden entspricht dabei unser Bewußtsein mit seinen Vorstellungen und Begriffen. Hier, im subjektiven Raum, läuft für uns das Geschehen ab. Was liegt näher, als die Vorgänge in der Außenwelt, im physikalischen Raum, als Äußerungen eines All- oder Urbewußtseins zu verstehen, von dem das menschliche Bewußtsein seine geistige Nahrung erhält, und damit den objektiven Raum diesem Urbewußtsein gleichzusetzen, d.h. als die geistige Bühne zu betrachten, auf der sich das Allgeschehen abspielt.

Damit ist dann das Rätsel gelöst, wie aus scheinbar „toter" Materie lebendige und geistige Wesen haben hervorgehen und wie Materie auf den Geist und Geist auf die Materie wirken können. Beide entstammen demselben Urgrund. Die Erscheinungen der Außenwelt haben lediglich symbolischen Charakter.

Auch Raum und Zeit gehören dieser so gestalteten Symbolwelt an. Sie bilden gewissermaßen das Koordinaten- oder Ordnungssystem unseres Bewußtseins, ohne welches Vergangenheit, Gegenwart und Zukunft unentwirrbar zusammenfallen würden. Wir könnten diese drei Kategorien nicht voneinander unterscheiden. Alles Geschehen wäre traumhaft und wahllos ineinander verwoben, weil es keine Erinnerung und keine Perspektive, keine Zeit- und keine Ortsbestimmung gäbe.

Jedes Gebilde — sei es mineralischer, pflanzlicher oder tierischer Art oder handle es sich um den Menschen — zeigt zweierlei Ansichten: eine äußere, nähmlich die gestaltliche, und eine innere, nämlich die energetische, ohne daß wir in das Wesen dieser Erscheinungen eindringen könnten. Wir können sie nur geistig verarbeiten und dadurch ihr Wesen als Symbole ergreifen, die an uns eine Aufgabe zu erfüllen haben. Den Gebilden liegt also stets eine Einheit zugrunde. Deshalb konnte Goethe sagen: „Nichts ist drinnen, nichts ist draußen;/Denn was innen, das ist außen./So ergreifet ohne Säumnis/Heilig öffentlich Geheimnis!"

Das Außen ist wahrnehmbarer Ausdruck des Innen, auf welch letzteres es ankommt.

Wo immer ich Materie wahrnehme, habe ich zugleich Energie vor mir; wo ich eine Pflanze wahrnehme, habe ich zugleich Energie und Leben vor mir; wo ich ein Tier wahrnehme, habe ich zugleich Energie, Leben und Seele vor mir, und wo ich einen Menschen wahrnehme, habe ich zugleich Energie, Leben, Seele und Geist vor mir. Stets entsprechen sich Außen und Innen und stets ist das Außen nur die unwesentliche Hülle.

Die verschiedenen Energiestufen erkennen wir aber, wie gesagt, nicht wesensmäßig, sondern nur am Verhalten und an der Gestalt der Energieträger. Was diesen Energien zugrunde liegt, ist unseren Sinnen verschlossen; aber wir können ihr Wesen geistig als Symbol erfassen. Die Ursache ist in jeder Entwicklungsstufe dieselbe; nur ihre Form wechselt von der Energie in der Materie zum Leben und zum Wachstum in der Pflanze, zur Seele im Tier und zum Geist im Menschen, und später, d.h. in ferner Zukunft, zu weiteren, noch nicht erkennbaren höheren Energieformen in entsprechenden Gestaltungen, wobei jedes folgende Stufengebilde die Energieformen und materiellen Entsprechungen der auf früherer Stufe stehenden Gebilde angeglichen oder angepaßt mitenthält.

Beim Menschen ist nun ein Teil des erwähnten inneren Aspekts im Verlauf der Entwicklung zutage getreten, d.h. als seelisch-geistige und schöpferische Anlage erlebbar und bewußt geworden.

Wir vermögen auf dieser Stufe der Entwicklung festzustellen, daß das Urschöpferische energetische, Organe bildende, seelische und geistige Eigenschaften besitzt, ohne anzunehmen, daß damit die Erkenntnis seines Wesens völlig ausgeschöpft wäre.

Als denkendes Wesen zeichnet jetzt der Mensch die Weltschöpfung und -entwicklung nach, deren Gesetze und Symbole in seinem Leib aufbewahrt sind, da das Leibliche Ausdruck des Geistigen und — wenn man zu lesen versteht — sichtbarer Träger der Vergangenheit ist. Deshalb kann auch die Tiefenpsychologie manches Vergangene bewußt werden lassen, das im Gehirn und damit im Unterbewußtsein des Menschen im Lauf der Zeit aufgezeichnet worden ist.

Was uns von den anderen Gebilden unterscheidet, ist der Grad der erlangten Entwicklungsstufe. Wir erleben in uns den Übergang des Urgeistes in den Ichgeist oder, anders ausgedrückt, die Individuation des Göttlichen.

Dieser Prozeß des Übergangs vom Unbewußten oder, wie wir jetzt besser sagen, vom Nichtich- oder Allbewußten zum Ichbewußten währt schon Hunderttausende oder noch mehr von Jahren und wird in ferne und fernste Zeiten weitergehen zu Zielen, deren Formen und geistige Möglichkeiten wir heute nicht einmal erahnen können. Das Weltall ist dabei die Bühne — und zwar die einzige! —, in der dieses Weltenschauspiel vor sich geht. Für andere bewohnte Planeten oder sonstige Himmelskörper ist lediglich die Perspektive eine andere.

Als religiöser Mensch glaube ich an keinen in naher oder ferner Zukunft bevorstehenden Weltuntergang — Atombombe hin, Atombombe her —, wohl aber an Zeiten eines Hochs und an Zeiten eines Tiefs der geschichtlichen Entwicklung.

Diesseits und Jenseits und das Okkulte

Das menschliche Bewußtsein ist das Diesseits schlechthin. In diesem Diesseits entsteht eine Welt, die für jedes Individuum eine je nach seiner Veranlagung und Reife beschaffene eigene Welt als Wirkung der Außenwelt, der Ursachenwelt, auf sein Bewußtsein ist.

Stellen wir uns einmal vor: wir werden von einem schweren Schicksalsschlag betroffen! Plötzlich erscheint uns die Welt — unsere höchst private Welt — trübe und freudlos, mag auch draußen schönster Sonnenschein und unter unseren Mitmenschen reinster Frohsinn herrschen. Dies alles berührt uns und unsere Welt, die für uns allein maßgebend ist, was unsere Herzensregungen anbelangt, augenblicklich nicht.

Wenn man sagt: „Die Welt ist schlecht", so meint man damit den Querschnitt der subjektiven Welten, den Zeitgeist, nicht aber die objektive Welt, die Natur. All unser Empfinden, Fühlen, Denken, Wollen und Tun oder Unterlassen ist unsere Welt, die von der Außenwelt, zu der auch unser eigener Körper gehört, lediglich Impulse erhält, auf die wir mit einem bestimmten Verhalten antworten.

Diese einmalige, persönliche Welt entsteht mit der Geburt eines jeden Menschen und erlischt mit seinem Tode. Die Ursachen- oder Außenwelt aber, in deren eigentliches Wesen wir ja nicht eindringen können, ist das Jenseits. Alle Wesen und Dinge, auch unser eigener Leib, der lediglich dadurch seine Bedeutung erhält, daß er Träger oder Gefäß eines unvergänglichen, göttlichen Funkens ist, der nach dem augenblicklichen Stand der Entwicklung teilweise ichbewußt geworden ist, gehören diesem Jenseits an. Deshalb können wir auch in uns selbst unmittelbar das Wirken der sich in oder hinter den Erscheinungen verbergenden, mit unseren Sinnesorganen wesensmäßig nicht wahrnehmbaren Urmacht erleben.

Wir sind dauernd und überall von Jenseits umgeben. Unser Leib ist das Mittel, durch welches dieses Jenseits von innen her zu uns sprechen kann, sei es in Bildern, in gedanklichen Eingebungen oder durch Ahnungen, wobei kein Anstoß von außen her erfolgt.

Allerdings ist dieser Vorgang nur möglich, weil unser Bewußtsein, wie schon gesagt, vorher durch die Begriffsschulung der realen Welt hindurchgegangen ist. Das Diesseits ist eben vom Jenseits her bedingt. Im Jenseits liegt, symbolisch ausgedrückt, der in unserem Leib — der ja dem Jenseits zugehört — verborgene Wesenskern des Diesseits, nämlich der Wesenskern unseres Bewußtseins, und das ist der schon genannte göttliche Funke, der auf diese Weise immanent und transzendent zugleich ist.

Unser Bewußtsein wird vom Jenseits her getragen; denn es ist als Eigenschaft der menschlichen Gestalt mit dieser ein Kind des Jenseits. Unser Leib ist also nicht nur Träger des göttlichen Funkens, sondern auch Träger oder jenseitiges Gefäß unseres Bewußtseins, da ja letzteres ichbewußter Teil des göttlichen Funkens ist.

Das Jenseits, die Welt der Ursachen, ist die Außenwelt des Ich. Das Diesseits, die Welt der Wirkungen, ist die Innenwelt des Ich. Das Jenseits ist die allgemeine, die objektive Welt, die Welt an sich; das Diesseits ist die besondere, die subjektive Welt des einzelnen.

In unserem Bewußtsein wird das Jenseits zum Diesseits, d.h. die jenseitigen Ursachen werden zu diesseitigen Wirkungen.

Das Jenseits ist als der mit materiellen Erscheinungen, nämlich mit Gegenständen und Wesen angefüllte physikalische Raum eben die Bühne des Urbewußtseins, zu der das menschliche Bewußtsein, das Diesseits, in Wechselbeziehung steht. Abstrahieren wir von dieser Beziehung alles Materielle, so bleibt als letztes die Zwiesprache zwischen Urbewußtsein oder Urgeist und Ichbewußtsein oder Ichgeist.

Ein Ich kann nur dann im Diesseits sein, d.h. Bewußtsein kann nur dann auftreten, wenn auch ein Jenseits, eine Außenwelt, als Ursache da ist.

Das Ich kommt auch nirgends aus dem Diesseits heraus, es sei denn im tiefen, traumlosen Schlaf oder beim Tod, wo seine Eigenwelt erlischt. Sonst steht ihm immer ein Jenseits gegenüber.

Wie es für einen geschlossenen Raum nur *ein* Drinnen und *ein* Draußen gibt, so gibt es für das Ichbewußtsein stets und überall nur *ein* Diesseits und *ein* Jenseits. Ein andersgeartetes Diesseits-Jenseitsverhältnis kann es nicht geben.

Die Gesetze des Alls gelten überall. Wo immer wir nach dem Tod auch wieder als Individuum entstehen sollten: immer werden wir im Diesseits als unserem Bewußtsein sein, umgeben von einem Jenseits, in dessen Wesen wir nicht eindringen können, dessen Erscheinungen für uns Sinnbilder und Gleichnisse sind, weil wir von ihm nur entgegennehmen können, was es uns offenbart, bezw. wozu wir auf Grund unserer leiblichen und seelisch-geistigen Veranlagung befähigt sind.

Was hinter dem geoffenbarten Jenseits, hinter der realen oder objektiven Welt verborgen ist, entzieht sich unserer unmittelbaren Erkenntnis, wie ich immer wieder betonen möchte.

Die menschliche Gestalt, in der Leib, Seele und Geist als untrennbare Einheit enthalten und miteinander verschmolzen sind, ist ein Kind der realen Welt, der Natur, die das geoffenbarte Jenseits ist und in unserem Bewußtsein zum Diesseits wird.

Erst mit dem Menschen ist das Diesseits in der Welt erschienen; denn das Diesseits ist die Individualwelt des Menschen.

Das Jenseits aber verliert sich dort, wo nichts mehr wahrgenommen, sondern allenfalls nur noch individuell erlebt wird, in der unbeweisbaren und unfaßbaren Jenseitigkeit des Unendlichen und Ewigen.

Jenseits ist also, vom menschlichen Bewußtsein her gesehen, kein Ort, sondern ein Seinszustand ohne individuelles Bewußtsein. Für ichbewußte Geister ist dort kein Platz.

Ein sogenanntes jenseitiges Himmelreich mit ichbewußten Individuen wäre nur unter den gleichen oder ähnlichen Entwicklungsbedingungen möglich oder denkbar, wie sie in unserer Welt, dem All, bestehen. Auch dort müßte das Ichbewußtsein durch die Schule der Außenwelt als der Ursachenwelt hindurchgehen und Begriffe fassen lernen, ehe es eine solche himmlische Außenwelt verstehen könnte, da bei vorangegangenem Tod und körperlichem Verfall alle Bewußtseinsinhalte aufgelöst worden sind. Kurz gesagt: auch dort müßte sich das Ichbewußtsein allmählich entwickeln. Es müßte, genau wie in unserer Welt, neu hervorgebracht werden; denn Energie bedarf der Materie, bezw. wird durch sie dargestellt, und Geist bedarf des Leibes, bezw. wird durch ihn verkörpert. Keines ist ohne das andere.

Dies alles lehrt uns die Natur als Symbolwelt.

Wie ich bereits angeführt habe, hat jede geistige Anlage, wie überhaupt alle Energieformen, eine Entsprechung im Körperlichen. Ja, beide sind in Wirklichkeit identisch, weil jede objektive Erscheinung, jede Gestaltung, aus einem Innen und einem Außen besteht, deren einheitliche Ursache der Ausfluß des „ganz anderen" ist.

Deshalb sind auch körperlose Geister nur Phantome im Gehirn der Medien und ihrer spiritistischen Anhänger. Ohne deren eigene Gestalt könnten sie gar nicht bestehen oder, deutlicher ausgedrückt, in deren Bewußtsein auftreten.

Was der Rutengänger mit seiner Wünschelrute wahrnimmt, sind Strahlungen oder Kraftfelder, deren Quelle die Erde, also Materie ist, und was der Aurenseher wahrnimmt, sind Ausstrahlungen des menschlichen Körpers, also wiederum einer materiellen Quelle, die von allen Menschen wahrgenommen werden kann. Diese beiden Kategorien von Menschen haben, wie alle medial Veranlagten, nur ein besonderes Gespür für die genannten Erscheinungen, das den anderen abgeht. Nur die spiritistischen Geister sollen einer solchen materiellen Quelle nicht bedürfen. Sie sollen Gebilde ohne materielle Quelle und trotzdem Realitäten sein. Dies wäre aber Zauber. Selbst das Göttliche bedarf zu seiner Offenbarung der Materie.

In Wirklichkeit liegt der Fall so, daß die Quelle im Unbewußten der Medien liegt und die Gesichte deshalb nur von ihnen selbst wahrgenommen werden. Die Erscheinungen können sich übrigens über alle Sinne äußern, also z.B. als Geräusch empfunden werden. Ferner können auch die nicht medialen Sitzungsteilnehmer suggestiv entsprechend beeinflußt werden.

Auch die Gesichte der Hellseher und Eidetiker sind nur Projektionen von deren Unbewußtem und werden aus diesem Grund ebenfalls nur von ihnen selbst wahrgenommen. Aber eine von allen wahrgenommene Quelle, nämlich den menschlichen Körper, haben diese subjektiven Erscheinungen auch. Wären die angeblichen Geister also Realitäten, müßten sie eine nachweisbare materielle, d.h. leibliche Gestalt besitzen wie wir Menschen.

Hinzu kommt noch eine andere Überlegung:
Nach Beschreibung der Medien tragen die angeblichen Geister gewöhnlich ihre früheren Bekleidungsstücke. Ganz mit Recht und scharfsinnig weist der verstorbene Professor Dr. Max Dessoir in seinem Alterswerk „Das Ich, der Traum, der Tod" darauf hin, daß die Spiritisten doch dann auch „die Tatsächlichkeit von Ätherblusen und Astralstiefeln zugeben" müßten und daß es dann doch aber krasser Aberglaube wäre, an „Astralwolle und Astralleder" zu glauben. Man bedenke auch, daß diese Bekleidungsstücke der Verstorbenen häufig von ihren Erben getragen werden, so daß es vorkommen könnte, daß ein sogenannter Geist in einem Anzug erschiene, den zu dieser Zeit einer seiner Erben oder eine andere Person trüge! Höher geht der Unsinn nimmer.

Mehr denn je tut es in der heutigen Zeit not, mit beiden Füßen fest auf dem Boden der Erde zu stehen angesichts der Unzahl von irrlichternden Gedankengebilden, mit denen die Öffentlichkeit in allen möglichen Büchern, Blättern und Blättchen überschwemmt wird. Was wird da nicht alles zusammenphantasiert und was wird da nicht alles geglaubt von denen, die nicht alle werden!

Die Natur allein ist unsere große Lehrmeisterin. An sie müssen wir uns halten. Sie ist das wahre Buch der Bücher und nicht irgend eines der sogenannten heiligen Bücher, weil aus ihr allein das Ewige *unverfälscht* zu uns spricht und alles Menschenwerk nur Stückwerk ist.

Sogenannte Offenbarungen sind genau so von der Auffassungsgabe der sie Empfangenden abhängig wie die gewöhnlichen Einflüsse der Außenwelt, die zum Zustandekommen eines Weltbildes führen, und sind deshalb immer subjektiver Art. In der Natur aber sind wir der objektiven, ewigen Wahrheit gegenübergestellt. Hier gibt es keine falschen Spekulationen, und wenn sie gemacht werden, zeigt sich bald ihre Unechtheit.

Sie, die Natur, weist uns darauf hin, daß der Anfang unserer Entwicklung im gegenwärtigen Weltall stattgefunden hat — ob erstmalig oder zum wiederholten Male, ist dabei unerheblich — und daß hier alle Voraussetzungen für eine Weiter- und Höherentwicklung gegeben sind. Sie allein hat uns hervorgebracht und alles, was in uns ist, womit über ihr eigentliches Wesen und die in ihr wirkende Kraft oder Macht jedoch nichts ausgesagt sein soll. Aus ihr sind wir leiblich, seelisch und geistig hervorgegangen und aus ihr werden alle zukünftigen Zustände und Daseinsformen hervorgehen, bis der Spiralgang der gegenwärtigen Entwicklung vollendet ist.

Der Mensch steht mitten in einem Entwicklungsprozeß, von dem er nicht weiß, wohin er führt. Fortwährend erfolgen durch Fortpflanzung neue Würfe aus dem Unbewußten, aus dem tragenden Urgrund heraus zu neuen Individuationen und zu unvorstellbaren künftigen Lebensformen, deren Gestalten und Fähigkeiten von den unsrigen so sehr und noch mehr abweichen werden als die unsrigen von denen der Menschenaffen zum Beispiel — eine Überlegung, welche die Spiritisten und andere Okkultisten gar nicht anstellen, wenn sie den angeblichen abscheidenden „Seelen" aller Zeiten, also denen der grauen Vorzeit sowohl als auch der fernen Zukunft, einen stets gleich gearteten und geformten sogenannten „Astralleib" zuschreiben. Ihre Geisterwelt müßte doch logischerweise ein seelisch-geistiges Abbild der Wirklichkeit — und zwar der aus grauer Vorzeit wie der in ferner Zukunft — mit einer Fülle von abweichenden und einander gar nicht verstehenden Gestalten und Geistern sein!

Seit Professor Kretschmer, Tübingen seine Typenlehre aufgestellt hat, ist auch wissenschaftlich nachgewiesen, daß zwischen Körpergestalt und Wesensanlage gesetzmäßige Beziehungen bestehen. Wenn es also ein Weiterleben nach dem Tode gäbe, müßte die geistige Anlage der abgeschiedenen sogenannten „Seele" eines Urmenschen, der den Menschenaffen biologisch viel nähersteht als den Menschen der Neuzeit, von der geistigen Anlage der „Seele" des heutigen Menschen grundlegend abweichen. Wie sollte da z.B. der sogenannte „astrale Geist" eines Urmenschen den „astralen Geist" eines Goethe, Kant oder Einstein verstehen oder gar den eines in einigen Millionen Jahren entstehenden Individuums!

Darüber aber reden die spiritistischen Medien während ihres angeblichen Verkehrs mit jenseitigen „Geistern" nicht und auch ihre Anhänger wissen nichts hierüber zu sagen; geschweige denn, daß sie uns über den Sinn eines solchen jenseitigen Weiterlebens unterrichten könnten. Kennen sie doch nicht einmal den Sinn ihres eigenen Daseins!

Ihr eingebildetes Jenseits ist nichts als ein farbloses, ja oft sogar lächerliches Abbild des Diesseits ohne die Spannungen, Probleme und Aufgaben des letzteren.

Die Spiritisten und manche anderen verfälschen den Ernst des Todes, der ohne Einschränkung auf uns alle zukommt, indem sie ihn bagatellisieren. Was uns die spiritistischen Medien und ihre angeblichen Geister über ihr fragwürdiges Jenseits kundgeben, ist nichtssagend und entspricht ganz dem geistigen Horizont der Medien.

Es ist außerdem höchst merkwürdig, daß in den Äußerungen der betreffenden Geister mit keinem Wort irgendein Einfluß oder ein Wirken der Gottheit auf diese Geisterwelt erwähnt wird, als ob überhaupt keine Gottheit existierte oder als ob ihre Existenz für die Geisterwelt belanglos wäre. Für uns Menschen ist doch gerade dies eine Kardinalfrage!

Und warum verkünden uns die Medien und ihre Geister nichts über das vorgeburtliche Sein? Wo kommen denn diese angeblich unsterblichen „Astralseelen" her? Wo haben sie sich vor ihrer Menschwerdung aufgehalten? Außerdem müßten sich doch bei der Unzahl laufender Todesfälle Heerscharen von Geistern melden!

Der Trancezustand der Medien, auch wenn sie echte hellseherische Fähigkeiten besitzen, ist das, was der schwäbische Philosoph Albert Schwegler einmal hinsichtlich der Ekstase gesagt hat: „Ein Sichhineinschwindeln ins Absolute". Sie täten besser daran, wenn sie von solchen Praktiken Abstand nähmen; denn es kommt doch nur belangloses Zeug dabei heraus. Ganz abgesehen von den trügerischen Hoffnungen, die dabei erweckt werden.

Wie schon aus meinen seitherigen Ausführungen hervorgegangen ist, besteht wohl hinter den natürlichen Erscheinungen der Gesamtwirklichkeit ein jenseitiges Beziehungssystem, das in die diesseitige Welt hineinwirkt und auch manchen zur Zeit noch unerklärlichen Vorfällen zugrunde liegt. Dieses System greift auch als innerer Führer in unser Dasein ein, wobei dann scheinbare Zufälle entstehen, weil uns die Gesetzmäßigkeit dieses Eingreifens gewöhnlich verborgen bleibt. Hier schimmert auch der Gedanke der Wiedervergeltung, d.i. die Auswirkung früherer Handlungen, durch. Mitunter warnt uns auch spontan ein unbestimmtes Gefühl, dieses oder jenes zu tun oder zu unterlassen, ohne daß uns die Beweggründe hierfür bewußt wären. Trotzdem handelt es sich hier um keinen akausalen Vorgang. Wenn unser beschränkter Horizont im Ablauf und im Ergebnis des Geschehens mitunter keinen Sinn feststellen kann, ist noch lange nicht gesagt, daß keiner vorhanden ist.

Wenn z.B. manche Tierarten scheinbar an einer unzweckmäßigen Überentwicklung zugrunde gingen, so konnte in Wirklichkeit eine Änderung der Umweltverhältnisse die äußere Ursache davon sein, hinter der u.U. die andere, metaphysische steht, daß sie eben ausgedient hatten, weil ihr eigentlicher Zweck der wechselseitigen Dienstbarkeit mit einer anderen Art irgendwie erfüllt war.

Wie sich ein Stufenreich der Entwicklung auf dem vorhergehenden aufbaut, so dient eben eine Art der anderen, nächst höheren, bezw. so lebt letztere auf Kosten der niedrigeren.

Gerade gegenüber dem Gedanken einer sinnvollen Zielstrebigkeit in der Natur werden oft die Schwerfälligkeit mancher Organismen oder die bizarren, scheinbar sinnlosen Formen ihrer Gliedmaßen ins Feld geführt, die sie im Kampf ums Dasein behindern würden. Ganz abgesehen davon, daß wir dies bei der Feinheit manchen Gliederbaues, der ja einen besonderen, uns unverständlichen Zweck haben kann, gar nicht beurteilen können und gewisse Rückbildungen von überflüssig gewordenen Organen sich nicht von heute auf morgen vollziehen, scheint doch die Tatsache, daß so ausgestattete Tiere sich bis heute erhalten konnten, gerade das Gegenteil zu beweisen. Was wir nicht oder noch nicht verstehen, braucht noch lange nicht sinnlos zu sein.

Man muß alles in einem Gesamtzusammenhang sehen, um es verstehen zu können, in einer Wirkungsgemeinschaft, in der alles auf alles wirkt und einander dient.

Das Vorhandensein einer schöpferischen Zielstrebigkeit, einer bewußten inneren Lenkung in der Natur überhaupt, wird auch dadurch bekräftigt, daß der Mensch ein Unbehagen verspürt, das sich bis zur leib-seelischen Erkrankung steigern kann, wenn er unter Mißachtung seines Gewissens nicht das verwirklicht, was „in dunklem Drange" aus ihm heraus will. Das kann doch nur bedeuten, daß ein Urwille vorhanden ist, dem er durch sein untätiges Verhalten untreu geworden ist und der sich in ihm äußert.

Der Mensch hüte sich jedoch durch Beschäftigung mit okkulten Praktiken in das genannte außersinnliche System, das aber kein Geisterreich ist, hineinzupfuschen! Er kann sich dadurch schwere seelische Schädigungen zuziehen, die sich bis zur Pseudoschizophrenie — Professor Dr. Hans Bender, der Freiburger Parapsychologe, spricht von „mediumistischen Psychosen" — steigern und ihn sogar zum Selbstmord treiben können, wie das Beispiel fanatischer Sektengläubiger zeigt.

Wer medial veranlagt ist, nehme dies eben hin; aber er steigere sich in diese Veranlagung nicht hinein!

Man habe auch nicht den Ehrgeiz, ein indischer Yogi zu werden; denn die Aufgabe des tatheischenden Abendländers ist eine andere, wenn er auch aus der Yogalehre manches lernen kann!

Zwar sind die Voraussetzungen für das Zustandekommen der sogenannten parapsychologischen Phänomene wie z.B. des Hellsehens in die Vergangenheit, Gegenwart und Zukunft noch nicht bekannt; wenn aber gewisse Spukerscheinungen — ich selbst habe noch keine beobachtet — auf ein jenseitiges Geisterreich hindeuten würden, dann müßte ein solches Reich ein Reich der Sinnlosigkeit und der Narreteien sein, das in krassem Gegensatz zum Ernst und der Erhabenheit der Erscheinungswelt stünde. Man denke nur an die schwebenden Gegenstände aller Art, an sinnlos zertrümmerte Fensterscheiben oder Töpfe, an Klopfgeräusche, Stöhnen und allerhand sonstigen Unfug, von dem berichtet wird!

Meines Erachtens stehen solche Spukerscheinungen in einem gewissen Zusammenhang mit der menschlichen Psyche, deren Fähigkeiten und Charakter, vor allem im Abendland, noch wenig bekannt und erforscht sind. Besonders Not- und Kriegszeiten, Zeiten des kulturellen Niedergangs oder des Umbruchs, aber auch die Geistesverfassung mancher Menschen und Völker überhaupt, schaffen eine Atmosphäre von Angst- und Wunschkomplexen, die sich wie ein Alpdruck oder wie eine Dunstwolke in das Unterbewußtsein der Menschen senkt und dort nach dem Gesetz von der Macht der Gedanken und Vorstellungen ihr Unwesen treibt.

Auf jeden Fall lassen die außergewöhnlichen Leistungen des Menschen im Zustand der Hypnose neben anderen Methoden ahnen, wessen das Unbewußte fähig ist und welche unerschlossenen Kräfte sich im Seelengrund des Menschen noch verbergen.

Falls Materialisationen und Telekinese oder Psychokinese, d.i. die Bewegung von Gegenständen ohne erkennbare äußere Ursache, lediglich durch die Kraft des menschlichen Geistes, wirklich vorkommen, kann man an Leistungen des menschlichen Unbewußten auf der physischen Ebene denken, die denen auf der psychischen Ebene wie Hellsehen usw. entsprechen. Vielleicht deuten diese physischen Erscheinungen auf künftige menschliche Fähigkeiten hin. Doch hat das letzte Wort über alle diese Dinge die Fachwissenschaft, die seit einigen Jahren auch bei uns bemüht ist, das parapsychische Dunkel zu erhellen.

Wahrscheinlich sind Zweites Gesicht, Telepathie und Hellsehen atavistische Veranlagungen, also ein Rückfall in archaische oder frühzeitliche menschliche Entwicklungsstufen. Möglicherweise ist dagegen mit den Spukerscheinungen eine künftige Entwicklung menschlicher Fähigkeiten in Richtung auf die Hervorrufung — nicht aber Erzeugung! — bezw. auf die Bewegung von Materie kraft gewollter Vorstellung bei erlangter geistiger Reife vorweggenommen. Die parapsychologischen Erscheinungen kommen eben wie die Ursache der gesamten kosmischen Entwicklung aus dem tiefsten Seinsgrund.

Möglicherweise werden die einfachen Spukerscheinungen bei sensitiven Menschen durch Psychometrie hervorgerufen und sind auf eidetische Weise erscheinende Rückerinnerungen ihres persönlichen Unterbewußtseins an vorgeburtliche Erlebnisse und Vorgänge. Allerdings sind damit die beim Spuk mitunter angeblich vorkommende Telekinese, sowie die angeblichen Materialisationen und Levitationen nicht erklärt.

Wenn eine Beeinflussung von Dingen und Wesen mittels Konzentrations- und Versenkungsübungen möglich sein sollte, wäre allerdings zu fragen, welchen Wert diese Bemühungen hinsichtlich des Grundprinzips des Daseins, nämlich der Höherentwicklung der Menschheit haben könnten. Die Antwort müßte lauten: Gar keinen oder doch höchstens einen problematischen. Diese Aufgabe ist doch wohl nur im Ringen um wahre und klare ganzheitliche Erkenntnis zu lösen. Im Gegenteil: solche gewissermaßen magischen Fähigkeiten bergen die Gefahr des Mißbrauchs und der Entartung in sich; es sei denn, ihre Erlangung setzte, wie schon angedeutet, eine hohe geistige und sittliche Reife voraus, ohne deren Vorhandensein sie ausblieben. Man lasse also vorerst die Hand davon!

Wenn es gelänge, bei Spukerscheinungen oder sonstigen paranormalen Vorfällen auch nur einen dieser angeblichen Geister dahin zu bringen, uns eine einleuchtende Erklärung über die Struktur seiner Existenz, sowie über den Sinn und die Aufgabe der angeblichen Geisterwelt und ihres Hereinwirkens in unsere diesseitige Welt zu liefern, dann — aber nur dann! — ließe sich über die *Möglichkeit* der Existenz einer solchen jenseitigen Geisterwelt reden. So aber kann oder muß man an eine Entgleisung oder Fehlleistung des menschlichen Unterbewußtseins infolge einer psycho-physischen Störung bei einem oder mehreren bei den Erscheinungen irgendwie mitwirkenden Menschen denken, wodurch sich das eigentliche Unbewußte nicht normal durchsetzen kann.

Was die Astrologie angeht, so ist sie, abgesehen von astronomischen und anderen wissenschaftlichen Erwägungen, schon deshalb ein Irrweg, weil erstens: für die Beschaffung der Wesensanlage des Menschen nicht der Zeitpunkt der Geburt, sondern der nicht feststellbare Zeitpunkt der Befruchtung mit ihrer folgenschweren Bedeutung ausschlaggebend ist, weil zweitens: nicht nur Tierkreisbilder, Planeten usw., sondern der ganze Sternenhimmel eine Strahlenwirkung ausübt und zu berücksichtigen wäre, und weil drittens: nicht nur die eineiigen Zwillinge fast ganz gleich sein müßten, wie es der Fall ist, sondern auch die zweieiigen. Letztere sind aber häufig nach Gestalt und Charakter grundverschieden.

Seele und Geist

Ich muß jetzt noch kurz auf die Begriffe „Seele" und „Geist" eingehen.

Im landläufigen Sinn wird Seele als das Unsterbliche im Menschen, als ein mit der leiblichen Gestalt des Menschen verwobenes, aber selbständiges Wesen von feinstofflicher Substanz angesehen. Es liegt hier eine teilweise Verwechslung mit dem in uns wirkenden Es oder Selbst vor, das der Inder „atman, Hölderlin den „ew'gen Keim" und Meister Eckhart, der deutsche Mystiker, den „göttlichen Funken" nennt und das außerhalb unserer Begriffs- und Vorstellungswelt in uns ist. Dieses Unbewußte ist, wie wir u.a. im Traum erfahren können, neben anderem Vermögen hellsichtig.

Nun ist der Mensch das Ergebnis einer unsagbar langen und langsamen Entwicklung, die vor Urzeiten begann und mit wohl kaum mehr feststellbaren Übergängen über die mineralische, pflanzliche und tierische Daseinsstufe zu den heutigen Daseinsformen geführt hat. Was mit Recht „Seele" genannt zu werden verdient, das Reich des Unterbewußten, Triebhaften, Instinktiven und Gefühlsmäßigen mit einem Nervensystem entwickelte sich wohl erst auf der Stufe des tierischen Bereichs und allmählich, bei den einfacheren Lebewesen beginnend und nach und nach mit der Entstehung höherer Lebewesen sich entsprechend entfaltend. Dem Wurm z.B. dürfte wohl niemand eine voll entwickelte Seele in diesem Sinn zuschreiben.

Seele ist demnach keine selbstständige Wesenheit, womöglich mit eigenem Bewußtsein ausgestattet, die von Anfang an fertig und unveränderlich da war und wie ineinandergeschobene Schachteln aus der tierischen oder der menschlichen Gestalt herausgenommen werden bezw. als „Astral"- oder „Ätherleib" heraustreten kann, sondern eine allmählich organisch entstandene, den irdischen Formen des Lebens, nämlich der tierischen und menschlichen Gestalt zugehörige Eigenschaft oder Fähigkeit, Empfindungen und Gefühle zu haben und auf Reize anzusprechen.

Vielleicht ist den Pflanzen eine Vorstufe der Seele zu eigen, während in ihrer höchsten Entwicklungsform, nämlich beim Menschen, unter „Seele" neben den unbewußten Regungen der Bereich aller bewußten und unterbewußten Gefühle zu verstehen ist. Anders ausgedrückt: der Begriff „Seele" umfaßt im Menschen den Bereich aller Gemütsbewegungen, soweit sie nicht Denkakte oder Willensäußerungen sind. Dies leuchtet am ehesten ein, wenn man statt „Seele" beim Menschen den Ausdruck „Gemüt" gebraucht und darunter den Inhalt alles gefühlsmäßigen Bewußten und Unterbewußten mit ihren aufbauenden und zerstörenden Kräften versteht.

Seele ist also, wie gesagt, keine Wesenheit, sondern eine Wesensanlage. Nur materialistisches Denken, dem auch der Okkultist anhängt, wenn er Materie und Geist oder eine sonstige Energieform dualistisch auffaßt, anstatt sie als entwicklungsgeschichtlich entstandene Einheit anzusehen, kann Seele als Wesenheit ansprechen und verstehen.

„Seele" ist genau so ein abstrakter Begriff wie „Raum" oder wie „Bewußtsein".

Das Gesagte gilt sinngemäß für den menschlichen Geist als Fähigkeit und Kraft des Menschen, Vorstellungen und Begriffe zu bilden, Urteile zu fällen und im Gedächtnis aufzubewahren, sie den anderen menschlichen Lebewesen durch Sprache und Schrift mitzuteilen und die Umwelt willensmäßig zu beeinflussen.

Aus der menschlichen Gestalt als einer organisch entstandenen Einheit von Leib, Seele und Geist läßt sich weder das eine noch das andere herausschälen, ohne die Gesamtheit oder Ganzheit der Erscheinung „Mensch" und damit ihre Wirkungsmöglichkeit und Äußerungsfähigkeit zu zerstören.

Wir müssen entwicklungsgeschichtlich denken, wollen wir die biologischen, seelischen und geistigen Vorgänge und Zusammenhänge richtig deuten. Es ist irreführend, anzunehmen, daß die menschliche Gestalt aus drei für sich abgegrenzten Schichten von Leib, Seele und Geist besteht. Das Leben kennt keine Schichtgrenzen, sondern nur als fließend erscheinende, gequantelte Übergänge, wie sie sich bei der allmählichen Entwicklung der verschiedenen Daseinsstufen ergeben haben. Die drei genannten Kategorien haben sich mit fortschreitender Entwicklung, sinnbildlich ausgedrückt, wie Lebensringe allmählich dem Uratom bezw. der Urzelle überlagert, wobei man sich den Leib als ein Riesenmolekül vorstellen mag.

Auch im Bewußtsein bezw. Unterbewußtsein und im Unbewußten des Menschen sind die Grenzen zwischen den einzelnen Tiefenunterschieden, wie man statt Schichten hier besser sagt, analog dem Schöpfungsverlauf, dessen Wiederholung sich im heranwachsenden Menschen grob angedeutet vollzieht, fließend. Wir tragen ja in unserem Leib und damit auch in unserem Un- und Unterbewußten als mikrokosmische Wesen das makrokosmische Gepäck herum, das die Urerfahrung und den Weg der gesamten menschlichen Entwicklung als unbewußte Erinnerung enthält. Mit anderen Worten: der Werdegang des Menschen von der Zeugung bis zur geistigen Vollreife ist eine Wiederholung der menschlichen Entwicklungsgeschichte in kürzester Zeitraffung und in sinngemäßer Entsprechung.

Was die Okkultisten übersehen, ist die an der Natur nachweisbare Tatsache, daß es ohne Sonnensystem keine Erde und kein Mineralreich, ohne Mineralreich kein Pflanzenreich, ohne diese zusammen kein Tierreich und damit auch keine Menschheit, kein Bewußtsein und keinen menschlichen Geist gäbe, daß jede dieser Daseinsstufen den nachfolgenden als Existenzgrundlage dient und daß die vorhergegangenen niederen Daseinsstufen und -formen in den nachfolgenden höheren, wenn auch abgewandelt, gewissermaßen als Hinweis auf den durchlaufenen Entwicklungsweg verkörpert sind.

Von der Natur werden wir doch darauf hingewiesen, welcher langwierigen Prozesse es bedurfte, bis Geistwesen entstehen konnten! Geistige Äußerungen sind nun einmal wie alle anderen Energieformen an eine bestimmte leibliche Gestalt gebunden, ja diese Gestalt ist lediglich der Ausdruck für die Energieform. So ist der menschliche Geist die energetische (innere) Entsprechung der materiellen (äußeren) Gestalt „Mensch". Dies lehrt uns die Natur eindeutig. Hat sie doch diese Gestalt erst nach jahrmilliardenlanger Entwicklung hervorgebracht, wobei der geistigen Energie andere Energien mit entsprechender Gestalt wie Pflanze und Tier vorausgingen.

Ich möchte wiederholen:
Was wir in der Natur und überhaupt im Weltall, einschließlich

des Menschen, wahrnehmen, sind Äußerungen des seinem Wesen nach unbekannten Ur, wobei der Raum den Bereich des Urbewußtseins darstellt. Diesem grenzenlosen physikalischen Raum entspricht im Menschen das Ichbewußtsein, in dem diese Äußerungen erkannt werden. Das Urbewußtsein ist das Jenseits, das Ichbewußtsein ist das Diesseits. Ur und Ich stehen in Wechselbeziehung, so, wie es in Goethes „Faust" heißt: „Und wenn Natur dich unterweist,/dann geht die Seelenkraft dir auf,/wie spricht ein Geist zum anderen Geist."

Wenn es ein Weiterleben nach dem Tode oder eine spätere Wiederauferstehung gibt, so können sie nur als Wiedergeburt in einer Welt wie der unsrigen erfolgen. Es ist aber nicht einzusehen, weshalb es weit außerhalb unserer Wahrnehmungsmöglichkeit eine zweite Welt geben sollte, die doch, wie die Natur uns lehrt, den gleichen oder mindestens ähnlichen Gesetzen und Einflüssen unterworfen sein müßte wie die unsrige. Wir leben doch schon in einer geistigen Welt, und was für diese gilt, muß doch auch für jede andere geistige Welt gelten, wenn Logik Logik bleiben soll!

Noch einmal sei hervorgehoben:

Die subjektive Welt, die Innenwelt des Menschen, ist geistiger Natur! Daran dürfte nach dem Gesagten niemand mehr zweifeln. Ebenso kann nicht mehr daran gezweifelt werden, daß die Ursache dieser subjektiven Welten, nämlich die Außen- oder objektive Welt, geistig- göttlicher Natur ist. Für diese Deutung spricht auch die Analogie der Vorgänge bei der Übertragung von Rundfunk- und Fernsehsendungen, wo geistige Äußerungen auf physikalischem Weg über die Materie wieder in geistige Äußerungen umgewandelt oder übersetzt werden.

Hier sei eingeschoben, daß wir jetzt unter „Materie", in welcher Erscheinungsform oder Gestalt sie auch auftreten möge, die Wirkung des nichtich - oder allbewußten objektiven Geistes verstehen.

Bei der Verständigung von Mensch zu Mensch vollziehen sich die genannten geistigen Übertragungen physiologisch über die Organe des menschlichen Leibes.

Ferner spricht logischerweise der Grundsatz, daß aus nichts nicht etwas werden kann, für den spirituellen Charakter der Natur. Oder glaubt jemand im Ernst, daß die Sittengesetze, die sich die Menschheit gibt, von der Natur, wie sie sich äußerlich zeigt, erfunden worden sind — von einer Natur, die doch nach Ansicht eingefleischter Materialisten nicht „zielt", sondern „probiert" oder „spielt", wie sie sich ausdrücken, obwohl merkwürdigerweise bei diesem „Spiel", im ganzen genommen, eine ansteigende Entwicklung herauskommt und obwohl, wie ich schon erwähnt habe, beim Menschen, *der doch auch zur Natur gehört*, die geleugnete Zielstrebigkeit offenkundig wird?

Und die Gesetze der Ästhetik — die Gefühle für das Wahre und Schöne in Kunst und Literatur? Sollen sie das zufällige Ergebnis eines Spiels sein? — Nein!

> „Das hat sie nicht zusammengebettelt,
> Sie hat's von Ewigkeit angezettelt,
> Damit der ewige Meistermann
> Getrost den Einschlag werfen kann."
>
> (Goethe)

Diese Überlegungen sind allesamt jedermann zugänglich, der darüber nachdenken will.

Von welchem Gesichtspunkt auch wir die Außenwelt betrachten mögen: immer werden wir zu dem Schluß getrieben, daß nur der Glaube an ihren geistig-göttlichen Charakter sich wiederspruchslos in das Weltbild einfügt und eine harmonische Weltanschauung zu schaffen gestattet!

Das Ewige und wir

Das erkenntnistheoretisch richtig verstandene Jenseits, von dem wir überall und stets umgeben sind, ist Ausfluß des in seinen Erscheinungsformen unvorstellbar wandelbaren Ewigen, das uns trägt und dessen Dasein wir bei aller Verhüllung spüren, wenn wir in Demut und Ehrfurcht aufgeschlossen hierfür sind. Es ist Ausfluß der in allen Erscheinungen wirkenden dynamisch-spirituellen Urmacht.

Diese Urmacht will nicht Leben vernichten, sondern erhalten, entfalten und höher entwickeln — allerdings nach dem Grundsatz der Unter-, Ein- und Überordnung. Zwar hat noch kein Chemiker und kein Atomphysiker das wahre Wesen dieses Ewigen geschaut, aber durch die erfahrbare Gesetzmäßigkeit seines Auftretens in Zeit und Raum gibt es sich uns in der Materie — zu guten und zu bösen Dingen, ganz wie wir es wollen, damit wir uns völlig frei entwickeln können.

Ich erinnere an den Atommeiler als Friedenswerk und an die Atombombe als Vernichtungswerk. Die Anwendung beider ist in unsere Hand gegeben. In dieser Zweigleisigkeit liegt unsere Größe und unsere Tragik zugleich. Unsere Größe: weil uns so Willensfreiheit verbürgt ist. Und unsere Tragik: weil jeder wissentliche oder gedankenlose Mißbrauch dieser Freiheit auf uns zurückfällt. „Was der Mensch wert ist, widerfährt ihm" und „Unkenntnis schützt auch im ethischen Bereich nicht vor Strafe", wobei allerdings zu bedenken ist, daß nicht jedem jedes zustößt, weil jedes tragische Schicksal, wie das Schicksal überhaupt, vom Betroffenen irgendwie und -wann selbst gewirkt worden ist, auch wenn wir die Zusammenhänge, vor allem im tragischen Fall, nicht immer klar überschauen — sei es, daß der Betroffene zum unrechten Zeitpunkt gehandelt hat oder zu diesem Handeln gar nicht berechtigt bezw. berufen war, sei es, daß er in die tragische Lage durch eine frühere, u.U. vorgeburtliche Verfehlung geraten ist, die sich jetzt an ihm auswirkt.

Der Gedanke der Willensfreiheit, zu der wir Menschen auf dem Wege sind, verlangt eben die Offenhaltung der freien Entscheidung, die nun einmal mit der Selbstverantwortung verknüpft ist. Allerdings geht die Rechnung ohne den Wiedergeburtsgedanken, verbunden mit dem Wiedervergeltungsgedanken, ohne deren Wirksamkeit keine gerechte Weltordnung denkbar ist, nicht auf. Ich werde hierauf noch zurückkommen.

Ich habe schon darauf hingewiesen, daß gewisse mediale Fähigkeiten auf ein in uns wirkendes Es oder Selbst zurückgeführt werden müssen, welches das uns unbewußte Teil unseres Wesens darstellt. Auch Instinkthandlungen, der Weckersinn des Schläfers und nachtwandlerische Sicherheit lassen sich nur so erklären, mag der Forscher auch auslösende Mechanismen feststellen.

Dieses wesensmäßig nicht wahrnehmbare, sondern nur innerlich erlebbare Es dürfte aber nichts anderes sein als das allen gegenständlichen Erscheinungen zugrunde liegende „An-sich" der Ursachenwelt, das sich in der menschlichen Gestalt als ichbewußte Erscheinung teilweise materialisiert und individualisiert hat. Diesem Es müssen wir den gleichen Charakter der Unvergänglichkeit zuschreiben wie dem „An-sich" der Natur, das sich fortwährend in neuen Formen und Gestalten äußert. Es entspringt, wie auch das „An-sich", als Ausfluß des Ewigen einem metaphysischen Beziehungssystem und Ordnungsgefüge.

Das Es als Sammelbegriff — gemeint sind damit alle menschlichen Es überhaupt — befindet sich in einem spirituellen embryonalen Zwischenzustand; es befindet sich gewissermaßen in einem für unser Zeitempfinden in die Länge gezogenen Geburtsakt. Es ist nicht mehr ganz im Urzustand und ist auch noch nicht reines göttlich-individuelles Ich. Es ist auf der Wanderung oder in der Wandlung vom Urbewußtsein zum Ichbewußtsein.

Wie beim Eisberg nur ein Teil seiner Masse über den Wasserspiegel hervorragt, so erscheint nur ein Teil des Es als Ich oberhalb des Bewußtseinsspiegels, nämlich im Diesseits, während der größte Teil als Selbst noch im uns Unbewußten, im Jenseits, also außerhalb unseres Bewußtseins ruht. Immer mehr Urbewußtsein schiebt sich jedoch im Menschen aus den Tiefen des Unbewußten ins Ichbewußtsein.

Was uns die Natur symbolhaft lehrt, ist, daß in ihr dieses „An-sich" den Weg der Individualisierung beschritten hat und daß somit das Ziel der Entwicklung überhaupt Individualisierung ist.

Aus riesigen kosmischen Gebilden, den Sternen, von verhältnismäßig einfacher atomarer Zusammensetzung entwickelten sich allmählich immer reichhaltigere, individuelle Gebilde — Bakterien, Pflanzen, Tiere — von kleiner Form und kompliziertem Aufbau. Dabei fand ein Fortscheiten vom Allgemeinen, Unbewußten, zum Besonderen, Ichbewußten, statt.

Mit dem Auftreten des Menschen erfolgte zugleich ein Hinüberwechseln der universellen Zielstrebigkeit der Natur in die individuelle Zielstrebigkeit des Menschen. So wie die Zielstrebigkeit in den seitherigen Daseinsformen einzig Ausdruck und Folge eines höheren Willens war, tritt sie jetzt teilweise als menschlicher Wille auf.

Im Schaffen der Menschheit spielt das, was man Zufall nennt, immer mehr eine untergeordnete Rolle. Denkleistungen und künstlerische Schöpfungen entspringen stets einem heißen Ringen um Gestaltung im Einvernehmen mit innerer Eingebung, die durch dieses Ringen gefördert wird. Sollte die Natur dort, wo sie im Unbewußten, also in den vormenschlichen Daseinsformen, wirkt, anders verfahren? Sollte dort der Zufall Herrscher sein?

Wie die Entwicklungsgeschichte zeigt, weist die Entwicklung eine langsam ansteigende Linie auf. Es liegt kein Grund vor, daran zu zweifeln, daß sie so weiterverläuft. Zu der Annahme irgend einer jenseitigen zweiten Welt, eines „Himmelreichs", ist um so weniger Anlaß vorhanden, als unsere Erlebnis- oder Begriffs- und Vorstellungswelt, wie wir die Welt unseres Ichbewußtseins auch heißen können, stets und überall eine geistige Welt sein wird, unabhängig von jeder objektiven, gegenständlichen oder realen „Welt an sich".

Die Diesseits-Jenseitsschranke kann eben von keinem Ichbewußtsein durchbrochen werden, auch nicht in einer angenommenen „jetzigen", zweiten Welt, die eben auch wieder eine Außenwelt des Ich wäre und in der auch wieder eine Entwicklung stattfinden müßte, bis ein Ichbewußtsein entstehen könnte, wie ich bereits ausgeführt habe.

Natur und Geist oder, besser gesagt, Natur und Mensch werden oft in Gegensatz zueinander gestellt. Der Mensch ist aber der Natur ebenso zugehörig wie alle anderen Geschöpfe. Was ihn von diesen unterscheidet, ist, daß in ihm etwas vom Wesen des „An-sich" durchgebrochen ist, nämlich Geistigkeit. Zwar kann er dieses Wesen nicht erkennen; aber er kann es erleben, wie wir alle wissen. Die Einheit der Gesamtwirklichkeit wird durch diesen im Ich erfolgten Durchbruch des Es zur teilweisen Bewußtheit nicht gestört. Der Mensch bleibt trotzdem ein Glied der Natur, an die er ja durch seinen Leib gebunden ist, allerdings ein solches, das infolge des Erwachens seines Geistes sich und die Welt erkennt — und zwar als geistige Einheit erkennt — und mitformt.

Wiedergeburt und Wiedervergeltung

Wenn das menschliche „An-sich", das Es oder Selbst, unvergänglich ist, liegt der Gedanke nahe, daß nach dem Auseinanderfallen der leiblichen Gestalt, also nach dem Tode, das Es je nach seinem während der Verkörperung erlangten Reifegrad zu gegebener Zeit neu materialisiert wird.

Die Eigenschaft der Unvergänglichkeit des Es, die Art seiner Abgeschiedenheit nach dem Zerfall der menschlichen Gestalt beim Tod bis zur neuen Materialisation und letztere selbst zu begreifen, übersteigt unsere Urteilkraft, wie uns überhaupt jede Vorstellung über das Ewige versagt bleibt. Hier ist jedes Phantasieren fehl am Platz.

Man kann mit aller gebotenen Vorsicht den Vergleich machen: so wie das menschliche Bewußtsein Vorstellungen und Gedanken im Gedächtnis aufbewahrt und von dort wieder hervorholen kann, sinkt beim Tode, d.h. beim Verlassen von Zeit und Raum, das Es ins Urbewußtsein zurück, aus dem es kam und wo es bis zur Wiedergeburt, bis zum Wiedereintritt in Zeit und Raum, unbewußt ruht. Das Ichbewußtsein hat nur in Zeit und Raum teil am Urbewußtsein, nämlich solange das uns unbewußte Es, dessen bewußter Teil es ist, in Zeit und Raum am Geschehen teilnimmt. Erst beim neuerlichen Wiederauftauchen des Es aus dem Gedächtnis oder aus dem Unterbewußtsein des Urbewußtseins leuchtet es wieder auf.

So betrachtet, sind alle Gebilde verwirklichte Gedanken der Gottheit. Schiller drückt sich in seiner „Theosophie des Julius" ähnlich aus, wenn er sagt: „Das Universum ist ein Gedanke Gottes."

Aber wir Menschen können eben in solchen Dingen nur in Gleichnissen menschlicher Art reden. Auf keinen Fall ist dieser Zustand der Abgeschiedenheit mit Ichbewußtsein und wahrnehmbarer Gestalt verknüpft, wie mitunter angenommen wird, weil ersteres an die leibliche Gestalt des Menschen gebunden ist und letztere beim Tod zerfällt.

Wir dürfen annehmen, daß das Gesetz von der Erhaltung der Energie, das uns von der Natur als dem Symbol des Ewigen aufgezeigt wird, auch im metaphysischen Bereich gilt und die in jedem Gebilde wirkende dynamisch-spirituelle Urkraft auch nach dem Zerfall eines Gebildes in Verbindung mit dem Urgrund weiterbesteht, um sich wieder in einer anderen Gestalt zu offenbaren, gleichwie nach dem Ablaufen eines Filmstreifens die unsichtbare Apparatur bestehen bleibt, um den nächsten Film ablaufen zu lassen.

Die eben geschilderte Art von Unsterblichkeit und Wiedergeburt wird allein der Vorstellung von einer übernatürlichen, sittlichen Weltordnung gerecht. Um sie zu begründen, bedarf es keiner Hilfskonstruktion von einer angeborenen Sündhaftigkeit des Menschen und seiner Erlösung von der Sünde durch die Gnade im Glauben. Wo sollte auch eine *angeborene* Sündhaftigkeit des Menschen herkommen, wenn dieser doch das Spitzenergebnis der natürlichen Entwicklung ist! Dann müßte ja die ganze Natur von Anfang an mit dem Makel der Sündhaftigkeit behaftet gewesen sein. Eine derartige Fehlleistung dürfte wohl kein frommer Mensch nach den vorausgegangenen Ausführungen seiner Gottheit zutrauen, und von Willensfreiheit könnte dann keine Rede sein.

Auch braucht man, um das Dogma und den Gedanken an eine gerechte Weltordnung zu retten, bezw. den Wiedergeburts- und Wiedervergeltungsgedanken nicht aufkommen zu lassen, nicht entgegen der von der Natur gelieferten Tatsache der Kausalität alles Geschehens von einem unbewiesenen, fiktiven Endziel aus auf die Gegenwart und Vergangenheit zurückblenden, indem man alles Mißgeschick in der Welt für eine Heimsuchung

Gottes erklärt, deren Sinn die Heimführung des Menschen zu seinem Schöpfer sei.

Die Fragestellung lautet nicht: „Wozu leiden wir?", sondern: „Weshalb leiden wir? Was haben wir falsch gemacht?"

Durch die vorerwähnte Auffassung von Unsterblichkeit und Wiedergeburt wird ferner die Verschiedenheit der Geburtenmitgift verständlich, die wir, biologisch betrachtet, als Erbgut bezeichnen und die ferner, psychologisch betrachtet, als Unterbewußtsein mit allen seinen Tiefen das Leben des einzelnen entscheidend beeinflußt. Erbgut ist, tiefenpsychologisch gesehen, das un- und unterbewußte Wissen um den seitherigen Schöpfungsverlauf des menschlichen Astes, um unseren Werdegang in früheren Lebensläufen und um die Auswirkung früherer Taten. Es ist das Hauptbuch unseres Lebenslaufs, in dem die Bilanz unserer vorgeburtlichen Entwicklung aufgezeichnet ist.

Der Wiedergeburtsgedanke wird zudem durch den Gedanken der Willensfreiheit geradezu bedingt. Diesen Punkt habe ich bereits berührt.

Wiedergeburt, Wiedervergeltung und Willensfreiheit hängen eng zusammen; denn wenn im Erbgut des Menschen jeweils abweichende, für die Lebensführung vorteilhafte und nachteilige Eigenschaften oder Anlagen zum Ausdruck kommen, die die Willensfreiheit im jetzigen Leben so oder so beeinflussen, dann müssen diese Vor- und Nachteile in früheren Lebensläufen einmal in freier Willensentscheidung oder durch fehlerhaftes Verhalten von uns Menschen erworben worden sein, sonst könnte man nicht von einer echten Willensfreiheit im jetzigen Leben, sowie von einer gerechten Weltordnung sprechen. Wir müssen also den Geltungsbereich der Willensfreiheit durch die Anerkennung des Wiedergeburtsgedankens auf der jetzigen vorausgehende menschliche Daseinsstufen ausdehnen. Auf diese Weise bekommen wir eine abgerundete, logische Weltanschauung, die mit den von der Natur ausgewiesenen Gesetzen nicht in Widerspruch steht.

Der Gedanke der Wiedergeburt schließt auch den Geisterglauben aus; denn ein Wiedergeborener kann nicht zugleich als Geist existieren. Mindestens könnte sein Geisterdasein nur so lange dauern, als er noch nicht wiedergeboren ist — falls die Wiedergeburt nicht überhaupt sofort erfolgt, was wir nicht wissen.

Das Dasein verläuft dynamisch, nicht statisch. Die gesamte Entwicklung hat sich in unserer realen oder objektiven Welt vollzogen und vollzieht sich in ihr weiter, so daß die Alternative nur heißen kann: Entweder ist mit dem Tod alles aus oder es gibt eine Wiedergeburt in dieser Welt, in der die Entwicklung, auch des Menschen, zu unabsehbaren Formen und Fähigkeiten weitergeht.

Was beim Tod vom Menschen übrigbleibt, sein Leichnam, ist eben nicht mehr der Mensch selbst. Sein ureigenes Wesen, das er nur erleben, nicht aber als solches wahrnehmen kann, ist verschwunden. Und dieses wird wiedergeboren, d.h. es wird von neuem materialisiert. Immer wieder, wenn auch wahrscheinlich nicht pausenlos oder mit feststellbaren Zeitabständen, wird der Mensch in eine Welt — eben diese objektive Welt — hineingeboren, deren Zukunft er in seinem früheren Dasein irgendwie mitgestaltet hat. Deshalb macht auch die Entwicklung der Menschheit angesichts der Unvollkommenheit der Mehrheit der Abscheidenden und der Unerfülltheit ihres Lebens, welche Mängel sie wieder auf die Welt bringen, so unsäglich geringe und langsame Fortschritte. Deshalb sind aber auch Kriege mit ihren gewaltigen Blutopfern zu verwerfen; denn alle Gefallenen müssen, soweit ihr Leben noch nicht erfüllt war, bei der Wiedergeburt in ihrer Entwicklung naturgemäß von vorne beginnen, d.h. ihr Heranreifen wiederholen.

Ursprünglich, d.h. beim erstmaligen Eintreten des Urmenschen in die Bewußtseinswelt überhaupt, war der Mensch, wie schon bei den Ausführungen über die Willensfreiheit betont, ein unbeschriebenes Blatt. Allerdings waren ihm bestimmte Verhaltensweisen aus dem Tierdasein geläufig. Aber bei jedem erstmaligen Willensvollzug mußte er selbst, d.h. sein inneres, ihm unbewußtes Selbst die Urentscheidung treffen, wodurch das Ichbewußtsein erweitert und Erfahrungen gesammelt werden konnten. So vollzog sich nach und nach der Eintritt des Unbewußten in die Schule des Lebens, ins Bewußte. So entstand aber auch die Tragik, weil dem Menschen damit zugleich die Verantwortung für jede Entscheidung aufgebürdet wurde. Je tiefer seine Erkenntnis wurde, desto größer wurde seine Verantwortung. Selbstverantwortung bedeutet den Zwang, die Folgen seiner Handlungen tragen zu müssen.

Da Willensfreiheit nur im menschlichen Bereich vorkommt, ist nur hier Selbstverantwortung bedingt. Das instinktiv handelnde Tier ist nicht verantwortlich. Das drückt sich darin aus, daß sein instinkives Verhalten seiner Natur angepaßt ist und sich deshalb nicht gegen seine Existenz richten kann. Es steht jenseits von Gut und Böse, während der Mensch mitten drin steht.

Was wiedergeboren wird, ist das unsterbliche, transzendente und zugleich immanente Es oder Selbst. Transzendent: weil es außerhalb unseres Bewußtseins wirkt, und immanent: weil es zugleich Wesenskern unserer Person ist.

Bei der Wiedergeburt entwickelt dieses transzendente Es die Fähigkeit, nicht nur die äußere Gestalt und das Bewußtsein zu schaffen, sondern durch die körperliche Gestalt das Unterbewußtsein mit allen jenen Inhalten wie Erkenntnissen, Erfahrungen und vorteilhaften oder nachteiligen Anlagen zu füllen, die das betreffende menschliche Wesen in früheren Lebensläufen angesammelt hat und die sein wesentliches Schicksal ausmachen. Deshalb konnte auch Hölderlin sagen: „Das meiste nämlich vermag die Geburt."

Dieses Unterbewußtsein nennt C.G. Jung nicht eben glücklich ganz allgemein „das kollektive Unbewußte", obwohl das im strengen Sinn Unbewußte keine „Archetypen" kennt, die doch früher einmal oberschwellig, also bewußt gewesen sein müssen. Das wirklich Unbewußte ist das noch nie in die Bewußtseinswelt Eingetretene, das Nichtichbewußte, das All- oder Andersbewußte, das aber als uns unbewußtes Es auftreten und dadurch das Bindeglied zwischen Ur- und Ichbewußtsein bilden kann. In letzterem Falle sind dann in ihm die uns unbewußten Erinnerungen an frühere Entwicklungsstufen oder Daseinsformen enthalten, die zu seiner Immanenz gehören.

Nur der geringste Teil unserer Person ragt vorerst über die Bewußtseinsschwelle hinaus. Das aus früheren Lebenserfahrungen stammende Unterbewußtsein, das durch geeignete Maßnahmen oder aus anderen Gründen teilweise wieder bewußt werden kann, und das immanent-transzendente Unbewußte liegen darunter.

Die allen materiellen Erscheinungen zugrunde liegende transzendente Ursache wirkt als Dynamik, die in der befruchteten Keimzelle gemäß dem Identitätsverhältnis von Form und Inhalt den Bauplan verwirklicht, der durch die ganz individuelle Verschmelzung der männlichen mit den weiblichen Chromosomen vorgezeichnet ist und zu dessen Ausführung in der Pflanzenwelt als Rohstoff die Mutter Erde und in der Tier- und Menschenwelt das Ei bezw. der Mutterleib herangezogen wird.

So entsteht, äußerlich gesehen, allmählich in Wechselwirkung eine Miniaturwelt, die, innerlich gesehen, als Entwicklung des transzendenten, nichtichbewußten Es zum immanenten, allmählich ichbewußt werdenden Es oder Selbst aufzufassen ist. Mit anderen Worten: das Es lernt als Individuum sich und seine Umwelt immer mehr denkend zu erfassen und zu beeinflussen. Dieser Vorgang ist das Symbol für die Abspaltung des individuellen Es vom Allbewußten oder für den Übergang vom Urbewußtsein zum Ichbewußtsein.

Identitätsverhältnis von Form und Inhalt bedeutet, daß jede Gestalt Ausdruck oder Symbol der darin oder dahinter verborgenen dynamischen Idee ist und daß beide ein und dasselbe sind. Wir nehmen die Idee in Form einer Gestalt wahr, ja wir können nur auf diese Weise die transzendente Ursache wahrnehmen. Die reale Welt, die Natur, ist das Buch der Transzendenz, ist ihr gleichnishafter Ausdruck.

Dann wäre also mit dem Tod alles aus? — Nein; denn die Natur lehrt uns auch die menschliche Weiterentwicklung in dieser Welt, die Entfaltung des Geistes. Die fortschreitende Individualisierung der organischen Welt und die qualitative Verschiedenheit jedes menschlichen Erbgutes bekräftigen neben ethischen Überlegungen den Wiedergeburtsgedanken. Gerade weil in uns etwas uns Unbewußtes wirkt, das beim Tod verschwindet und nur einen zerfallenden Leichnam zurückläßt. dürfen wir an eine Reinkarnation glauben. Der Tod zeigt uns lediglich symbolhaft, daß mit dem Zerfall des Leichnams das Ichbewußtsein erloschen und das Unbewußte, Dynamische, entwichen ist, nicht aber daß das letzere sich in nichts aufgelöst hat. Im All kann nichts verlorengehen, auch keine Idee.

Die Erscheinungen der Außenwelt, die Gegenstände und Wesen, sind, wie gesagt, nur Symbole der sie bewirkenden Ursache. Die letztere, das „An-sich" der Natur, beim Menschen das Es oder Selbst, versagt sich einer Erklärung ihres Wesens. Wir können nur vom Symbol auf den Sinn schließen.

Wenn z.B. die Vereinigung von Sauerstoff und Wasserstoff Wasser gibt, wäre es falsch, zu sagen, ein Drittes sei hinzugekommen; und wenn bei der Verschmelzung der männlichen mit der weiblichen Keimzelle ein lebensfähiger Embryo entsteht, darf man ebenfalls nicht sagen: Ein Drittes ist hinzugekommen. In beiden Fällen ist etwas Neues entstanden, mit dem Unterschied, daß die Wassermoleküle nach unserem heutigen Wissen alle einander gleichen, während beim Menschen nicht einmal die eineiigen Zwillinge völlig gleich sind. Das bedeutet: Das Symbol „Mensch" besagt, daß hier etwas ganz Individuelles, Einmaliges, entsteht, bezw. entstanden ist.

Es ist doch sonderbar daß mit steigender Entwicklungsstufe der individuelle Unterschied innerhalb der einzelnen Organismusarten immer größer wird und im Menschen seinen höchsten Grad erreicht, in welchem kein Individuum in seinen Einzelheiten mehr dem andern gleicht. Man sollte deshalb annehmen können, daß diejenigen Individuen, die einmal in den individuellen Entwicklungsprozeß eingeschaltet worden sind, auch darin bleiben und immer neu entstehen, um von Geburt zu Geburt sich ganz individuell höher zu entwickeln.

Die sich schon bei der Geburt zeigende Verschiedenartigkeit der Kinder gleicher Eltern — nicht einmal die eineiigen Zwillinge gleichen, wie gesagt, einander völlig — deutet doch auf ein verschiedenartiges Gestaltungsvermögen ihres Es hin, dessen Zustandekommen kaum anders als durch die Unsterblichkeit und Wiederverkörperung des Es und seine zunehmende Reifung zu erklären ist. Woher sollte sie sonst kommen?

Jede Schöpfung ist geheimnisvoll. So in der Kunst, bei der Weltschöpfung und bei der Schöpfung im Kleinen: der Zeugung. Die beiden zur Befruchtung erforderlichen Erbgänge sind für sich allein nicht lebens- und fortpflanzungsfähig. Sie enthalten nur den Rohstoff zum Neubau und den verschlüsselten Bericht über den Werdegang der vorangegangenen Geschlechter vom Uranfang ihrer Entwicklung an. Den Bauplan selbst bringt der transzendente Bauherr und Baumeister mit, der im neuen Bau immanent wird. Erst bei der Befruchtung erfolgt die Initialzündung zu neuem Leben. Was spielt sich dabei ab? Warum öffnet sich die Eizelle nur einem ganz bestimmten Spermium und warum entsteht aus der Fülle von beinahe unendlichen Genkombinationen nur eine ganz bestimmte, einmalige Kombination? Der Biologe als Fachwissenschaftler kann hierzu wohl die Beschreibung des Vorgangs liefern, aber nicht seine Erklärung.

Was im Augenblick der Zeugung entsteht, ist etwas Neues: eine neue geistige Welt mit ihrem dunklen, tiefenpsychologischen Hintergrund ganz individueller Art, aus der eine neukombinierte Erbmasse hervorgeht. Es ist nicht einfach eine Zusammenlegung zweier Erbmassen. Jede dieser ist ja selbst eine geschlossene Einheit von Erbfaktoren. Eine Auslese findet statt. Aber wer oder was liest aus? Diese Frage müssen wir uns immer wieder vorlegen und zu beantworten versuchen.

Die Fortpflanzung geht unstetig vor sich. Aus den beiden Erbgängen wird ein neues Glied gebildet. Anders ausgedrückt: es wird eine neue Masche am Schicksalsteppich der Menschheit geknüpft; denn jedes Einzelschicksal ist ein Teil vom Schicksalsteppich der Menschheit, eingewoben in das Gesetz der allgemeinen Kausalität.

Das „An-sich", nämlich das Es bzw. das Ur, ist nicht erkennbar. Sie bleiben im Unbewußten. Bei der Initialzündung der Befruchtung tritt das sich wieder materialisierende Es als Wurf aus dem Unbewußten mit seinem „Karma" im weitesten Sinn, seinem Erbgut, als eigenständiges Wesen in die Erscheinungswelt ein. Daher die Einmaligkeit und die ganz besondere Kombination der Gene aus der Fülle der Möglichkeiten.

Mehr auszusagen, geht über menschliches Vermögen, weil die Anschauung fehlt. Was sich hinter den Kulissen der Schöpfung, der Erscheinungswelt, abspielt, wissen wir nicht.

Ich wiederhole:
Die transzendente Ursache, das allen materiellen Erscheinungen zugrunde liegende „An-sich" ist seinem Wesen nach nicht erkennbar. Die Erscheinungen sind lediglich Symbole oder Sprache und Schrift des Transzendenten. Das Wesen der Objekte, seien sie organischer oder anorganischer Art, bleibt unerkennbar. Diese Feststellungen gelten auch für das Erbgut. Die Wirkkraft bleibt verborgen. Der Beobachter erkennt nur die äußere Seite des Seins.

Im Menschen wiederholt sich von der Bildung der zum Aufbau seines Leibes erforderlichen Grundstoffe an über die männliche und weibliche Keimzelle und über den Embryo bis zum reifen Alter der ganze Werdegang seiner Entwicklung. Mit anderen Worten: bei der Entstehung des Menschen wiederholt sich in gewaltiger Zeitraffung und in groben Zügen der gesamte Verlauf der bisherigen Schöpfungslinie des Menschen.

Mit dem Menschen hat die transzendente Ursache, soweit uns heute bekannt ist, ihre bis jetzt höchste individuelle Phase erreicht: sie ist im Menschen teilweise ichbewußt geworden. Diese Phase beginnt — hier ist kein Zweifel möglich — mit dem Eindringen der männlichen Keimzelle in die weibliche, d.h. mit der Befruchtung. Die transzendente Ursache beginnt sich in diesem Augenblick als „An-sich" in Richtung einer völlig willensfreien Individualisierung zu entwickeln. Das Hintergründige dieses Vorgangs, die Reinkarnation, die sich hinter den Kulissen unserer Anschauungsmöglichkeit vollzieht, ist unserer Erkenntnis verschlossen. Erst die Verschmelzung der Erbanlage der männlichen Keimzelle mit der der weiblichen offenbart die Idee „Mensch", wie die Zusammenfügung verschiedener Metallstücke die Idee „Maschine" verwirklicht, ohne daß der Geist ihres Schöpfers darin als solcher wesenmäßig sichtbar wird.

Da wir in einer Symbolwelt leben, können wir auch annehmen, daß der männliche und der weibliche Pol in der befruchteten Zelle die Spannung herbeiführen, die zur Entstehung von Leben erforderlich ist, wie im Atom die Plus- und die Minusteilchen die Energie im Gleichgewicht halten und das Atom vor Auflösung schützen. Während die Atome im allgemeinen konstant bleiben und sich nicht auflösen oder nicht zerfallen, erlischt beim Tod des Menschen diese Spannung. Die Auflösung erfolgt, das Ichbewußtsein erlischt und das „An-sich" des Menschen, sein Es oder Selbst, verschwindet dahin, woher es gekommen ist.

Nach meiner bei den Ausführungen über die Willensfreiheit gemachten Definition ist Wille ein Spannungszustand des auf die Erreichung eines bestimmten Zieles gerichteten Geistes. Wenn wir die Erscheinungen in der Welt als Ausfluß der göttlichen Gedanken betrachten, dann ist auch das menschliche Es Folge einer willensmäßigen — und zwar göttlichen — Spannung, die erlischt, sobald sich der göttliche Wille zurückzieht. Menschlich ausgedrückt: das Es verschwindet im Augenblick der Auflösung des Leibes ins Unterbewußtsein des Urbewußtseins, wo es bis zu seiner Wiederverkörperung bleibt.

Dem Auge des Biologen stellen sich wohl die Chromosome und Gene dar, aber welche hintergründigen Ursachen bei der Kombination der männlichen und weiblichen Erbanlagen mitspielen, verschließt sich seiner Beobachtung. Er sieht wohl die Klaviatur, auf der gespielt wird, aber den Spieler erkennt er nicht; ebensowenig wie er als ausgereiftes Individuum sein transzendentes Es oder Selbst wahrnimmt. Er kann es nur in sich erleben.

Das Erbgut kann wahrnehmbar — von uns gewollt oder nicht gewollt — beeinflußt werden, z.B. passiv und negativ bei der Zeugung im Rausch durch einen Trinker, was nachträglich am Objekt offenbar wird. Warum soll es nicht ebenso vom Unbewußten her bei der Zeugung und beim Wiedereintritt des Es in die Erscheinungswelt von diesem beeinflußt werden können? Schöpferische Gedanken entstehen ja auch unbewußt in uns, d.h. ohne unser bewußtes Zutun, und können uns leiblich, seelisch und geistig beeinflussen. Die Gesetze des Geistes sind auch die Gesetze der Materie und umgekehrt.

Ein Beweis im Sinne naturwissenschaftlichen Denkens läßt sich für den Wiederverkörperungsgedanken nicht erbringen, so wenig wie für den Gottesglauben, weil die Anschauung fehlt. Wer metaphysisches Denken ablehnt — und damit nur einen Teil der Gesamtwirklichkeit als gegeben anerkennt —, der ist nicht zu überzeugen. Doch was uns im Bereich des sicheren Wissens versagt ist, erschließt sich uns im Bereich ethischer und religiöser Überlegungen.

Ich muß immer wieder betonen:
Wenn wir an eine gerechte und sittliche Weltordnung glauben, dann läßt sich dieser Glaube bei Ablehnung dogmatischer Künste nur durch die Annahme einer Wiedervergeltung unserer Gedanken, Worte und Taten und einer laufenden, früher oder später erfolgenden Wiedergeburt rechtfertigen, wodurch eine Auswirkung früheren Verhaltens und eine zukünftige individuelle Weiter- und Höherentwicklung gewährleistet wird. Dann sind die fördernden und hemmenden Eigenschaften, mit denen der Mensch bei der Geburt ausgestattet ist, in erster Linie Errungenschaften bezw. Folgen eines früheren, vorgeburtlichen Daseins und Verhaltens. Daß er diese Schicksalsverwobenheit einsehen lernt und die Folgerungen daraus zieht, ist eine der dem einzelnen gestellte metaphysische Aufgabe.

Auch steht und fällt der Gedanke der Willensfreiheit mit dem Gedanken der Wiedergeburt und der Wiedervergeltung; denn nur wenn der Menschheit von ihrem ersten Auftreten in der Welt an, ohne a priori, d.i. von vornherein, mit vorteilhaften oder nachteiligen Anlagen ausgestattet zu sein, die Möglichkeit der freien Entscheidung, gepaart mit Selbstverantwortung, geboten war und die Folgen dieser und zukünftiger Entscheidungen in wiederholten Lebensläufen sich auswirken können, kann von echter Willensfreiheit die Rede sein.

Wie gesagt: beweisen, wie man einen mathematischen Lehrsatz z.B. beweist, lassen sich der Wiedergeburtsgedanke und der Wiedervergeltungsgedanke nicht; aber sie liefern den Faden zur Auflösung scheinbarer Widersprüche und Ungereimtheiten in der Welt. Wenn der Biologe Einwände dagegen erhebt, so tut er dies als Metaphysiker und nicht als Naturwissenschaftler, weil er einen erkenntnistheoretischen Fehlschuß macht, wenn er die Welt der Erscheinungen als die Gesamtwirklichkeit betrachtet. Allerdings sind wir vorerst nicht in der Lage, das ganze Geschehen zu überschauen. Ein metaphysischer Rest wird mitunter bleiben. In solchen Fällen ist dann der Ausdruck vom „unerforschlichen Ratschluß der Gottheit" gerechtfertigt.

Natürlich räume ich dem Wiedergeburtsgedanken nicht den weiten Spielraum ein, den er teilweise in Indien hat. Ich halte z.B. eine Rückverwandlung in den Tierzustand für unmöglich, weil eine solche Möglichkeit dem Entwicklungsprinzip widerspräche. Wer einmal Mensch war, dürfte wieder Mensch werden; denn die Entwicklung ist nicht umkehrbar. Innerhalb des menschlichen Bereichs ist hinreichend Spielraum für einen Abstieg. Wenn auch Zeiten des Hochs mit denen des Tiefs im Völker- wie im Einzelleben abwechseln, geht die Entwicklung im ganzen doch unaufhörlich weiter. Die Marschrichtung bleibt gewahrt.

Übrigens befinden wir uns mit dem Glauben an die Wiedergeburt in guter Gesellschaft. Im deutschen Sprachraum — von Asien ganz zu schweigen — sind es unter vielen anderen: Parazelsus, Goethe, Schiller, Schopenhauer, Nietzsche, Christian Wagner, Gerhart Hauptmann.

Wenn wir aber den Wiedergeburtsgedanken ablehnen, dann müssen wir zugeben, daß es eine reine Zufallsangelegenheit ist, in welche Umweltverhältnisse wir hineingeboren werden und welche Qualität unsere Erbmasse aufweist. Von Willensfreiheit und einem Sinn des Lebens kann man dann nicht mehr sprechen. Dann ist das Weltgeschehen eine rein kausal-mechanische Angelegenheit, der der Mensch machtlos preisgegeben ist.

Gegen die Annahme eines solchen Mechanismus sträubt sich aber unser Freiheitsbewußtsein.

Hinsichtlich der Tierwelt besteht keine Veranlassung zu einer sittlichen Begründung der Karmalehre, weil sie nicht willensfrei ist und deshalb auch kein Karma oder sittliches Schuldkonto schaffen kann. Sie steht außerhalb von Gut und Böse. Jedoch ist es nicht ausgeschlossen, daß die kosmische Entwicklung auch die Wiedergeburt der Tiere und überhaupt aller Organismen nach dem Gesetz von der Erhaltung der Energie einschließt, um so mehr als das „An-sich" überall bei den Erscheinungen mitwirkt und doch konstant sein dürfte.

Die Aufgabe des Menschen

Denken heißt bewußt leben. Die Aufgabe, die dem einzelnen in der großen Symphonie des Lebens vorgeschrieben ist, oder die Rolle, die er im Weltenschauspiel zu spielen hat, erläutert Friedrich Rückert in einem Vers folgendermaßen:

„Vor jedem steht ein Bild des, das er werden soll;
solang er das nicht ist, ist nicht sein Friede voll."

Wie wenige sehen aber ein solches Bild! Ist doch bei sehr vielen Menschen nicht einmal das Gewissen mehr heil, wenn nicht gar ganz verschüttet. Innenschau und Selbsterkenntnis sind erforderlich, damit uns dieses Bild als ein zu verwirklichendes Ideal vor Augen geführt wird. Natürlich genügt es dann nicht, den Weg zu sehen, der uns vorgeschrieben oder vorbestimmt ist; man muß ihn auch gehen, soll der innere Friede voll werden. Viele sind allein zu schwach dazu. Ihnen zu helfen, ist eines jeden Sehenden Pflicht; sind wir doch alle *eines* Geistes Kinder.

Im ganzen All herrscht der Gedanke der gegenseitigen Ein- und Unterordnung, des gegenseitigen Dienens. Ein Stufenreich der Entwicklung dient dem anderen. Ohne Sonne kein Leben auf der Erde, ohne die Mineralstoffe der Erde und ohne Bakterien kein Pflanzenreich usw. Ein Reich baut sich auf dem anderen auf, wie auch im menschlichen Bereich ein Geschlecht auf den Schultern, d.h. den Erfahrungen und Errungenschaften des vorhergehenden ruht.

Der Ausdruck vom Seufzen der Kreatur, den man mitunter hört, entspringt einer Vermenschlichung der unbewußten Natur seitens solcher Sprecher. Was im Tierreich in dieser Hinsicht vor sich geht, sind unbewußte Handlungen, nämlich Trieb- und Instinkthandlungen, und Reflexbewegungen, die nicht mit menschlichem Maß gemessen werden dürfen. Wenn das Raubtier z.B. ein anderes Wild anfällt, so ist dieser Vorgang von der Natur gewollt und spielt sich in der Sphäre des Unbewußten ab. Das Tier stillt eben seinen Hunger, um sich zu erhalten. Es handelt nach angeborenen Mechanismen.

Das Seufzen der *Natur* dagegen, das sich in einer Störung ihres biologischen Gleichgewichts — bei der Kulturpflanze, beim Tier und beim Menschen als Krankheit — äußert, tritt überall dort auf, wo der Mensch mit seiner Maßlosigkeit in verständnisloser Weise eingegriffen hat. Es dürfte kaum einen Fleck auf der Erde geben, wo dies nicht schon geschehen ist, besonders angesichts der Atombombenexplosionen.

Wenn der Mensch aber nicht den Gesetzen seiner großen Lehrmeisterin, der Natur, folgen will und sie überfordert, dann muß eben „die Hexe dran", wie es in Goethes „Faust" heißt. Dann müssen in der Natur, d.h. bei Pflanze, Tier und Mensch Giftspritzen und Pillen eingreifen, und das bedeutet, symbolisch ausgedrückt, einen Pakt mit dem Teufel, den keiner ungestraft schließt. Dann wird häufig *eine* Krankheit unterdrückt und andere, schlimmere Krankheiten stehen dafür auf, wenn auch der Zusammenhang nicht immer augenfällig ist. Der neuzeitliche Mensch vergißt allzusehr die metaphysische Bedeutung von Krankheit, Leid und Not; ja er übersieht sie meistens. Eine Philosophie der Krankheiten ist noch zu schreiben.

Wenn man nur Wirkungen angeht, anstatt ihre Ursachen zu beseitigen, wird auf allen Lebensgebieten, auch auf wirtschaftlichem und politischem Gebiet, aus *Evolution Revolution*. So beginnt sich z.B. die Mißachtung des Gebots der schöpferischen Pause, der natürlichen Ernährung und der lebensgesetzlichen Pflanzenzucht bereits revolutionär auszuwirken, wie die Zunahme bestimmter Krankheiten bei Mensch, Tier und Pflanze und ihre vermehrte Anfälligkeit gegen Viren und Bakterien aller Art zeigen.

Krankheiten kommen nicht von ungefähr über den Menschen. Wenn auch der äußere Anlaß einer Krankheit wie z.B. eine Epidemie nicht unbedingt von den befallenen Menschen verschuldet zu sein braucht, so ist doch ihre Anfälligkeit dieser gegenüber Auswirkung eigenen Verschuldens, nämlich einer unnatürlichen Lebensweise. Allerdings muß man in manchen Fällen das schuldhafte Verhalten in einem vorgeburtlichen Sein suchen, wie es Parazelsus tut, wenn er erklärt, daß Krankheiten „aus einem früheren Dasein als Folge einer bösen Begierde" verschleppt sein können.

Man sieht: auch in solchen Fällen füllt der Wiedergeburtsgedanke eine weltanschauliche Lücke aus, die anders logisch nicht zu schließen wäre

Für alle, die richtig geführt werden wollen, gilt die Forderung: „Nach außen schauen, nach innen horchen!" Zu letzterem Zweck bedarf es der zeitweiligen Stille und Entspannung, sei es zu Hause oder, noch besser, in der freien Natur, wo eine günstigere Strömung herrscht.

Es ist auch nicht einerlei, welche Gedanken und Vorstellungen wir hegen; denn sie sind Mächte, die bestrebt sind, sich in bezw. durch uns zu verwirklichen. Man sei also im Umgang mit ihnen vorsichtig! Sie können den Menschen bis zur Vernichtung beherrschen.

Bei den meisten Menschen des Abendlandes ist die Verbindung mit ihrem inneren Führer, jenem geheimnisvollen Es, das alles besser weiß als der Verstand, weil es schon vor diesem existierte und aus tieferen Quellen schöpft, unterbrochen. Aus ihm kommen die Ideale — die Bilder, die wir verwirklichen sollen. Aber nur in der Stille hören wir seine Stimme. Eidetisch veranlagten Personen kann das Es als innerer Führer oder Warner sich sogar symbolhaft durch Hervorrufung eines Bildes Verstorbener und deren dem jeweiligen Zweck angepaßten Verhalten bemerkbar machen.

Leider wird der heutige Mensch von einer Flut von Eindrücken überschwemmt, die er gar nicht mehr alle verdauen kann und die daher zum Teil unkontrolliert in sein Unterbewußtsein hinabsinken, wo sie wie scheinbare böse Geister in Form von allerhand Störungen leiblicher oder seelischer Art ihr Unwesen treiben können. Diesen Eindrücken gegenüber, die den Menschen gar nicht mehr zu sich selber kommen lassen, gilt es rücksichtslos abzuschalten. Stille und Entspannung, Innenschau und Selbsterkenntnis müssen gegenüber allen Ablenkungen wie Zeitung, Zeitschrift, Kino, Radio und Fernsehen oder sonstigen Zerstreuungen den Vorrang haben. Hand in Hand damit muß natürlich auch eine sonstige lebensgesetzlich richtige Haltung in Form natürlicher Ernährung und richtiger Leibespflege gehen. Gerade das, was wir dem Leib an Nahrungs- und Genußmitteln zuführen, ist von großem Einfluß auf Charakter und körperliche wie geistige Leistungsfähigkeit des Menschen.

Hier ist auch zu sagen, daß Religion, richtig verstanden, nicht nur eine bloße Sonntagsangelegenheit von wenigen Stunden oder eine Sache des Gebets und der Meditation, sondern eine Angelegenheit ist, die in jeder wichtigen menschlichen Handlung mitschwingen soll, die das ganze Dasein umfassen und durchdringen muß und schon bei der Leibespflege und der Ernährung beginnt.

Was die Technik anbelangt, so ist sie nicht dazu da, uns Zeit und Gelegenheit zu immer mehr Genüssen und Zerstreuungen zu bieten. Ihre metaphysische Bedeutung liegt vielmehr darin, den Kampf ums Dasein zu erleichtern, um uns Gelegenheit zur Arbeit an unserer geistigen und sittlichen Vervollkommnung zu verschaffen. Nur so kann Kultur entstehen. Alles andere Tun ist lediglich Zivilisation, an deren Ende bei ihrer ausschließlichen Betätigung der kulturelle Verfall steht. Auf den geraden Weg zu letzterem steuern wir gegenwärtig hin.

Der Mensch ist aus der Natürlichkeit des tierischen Daseins hinausgeworfen in die Verantwortung und das Auf-sich-selbst gestellt-Sein. Der Übergang vom unbewußten ins bewußte Dasein — der Sündenfall der Bibel — ist aber schmerzhaft, voll von Abenteuern und Irrtümern, da der Mensch damit Neuland betreten hat. Er muß in der Welt des Bewußten erst das Gehen lernen.

Je älter der Mensch wird, um so mehr soll er von außen nach innen leben. Er soll sich allmählich verinnerlichen, um in der Welt dem Göttlichen den Durchbruch zum Individuellen und Ichbewußten zu ermöglichen.

Das Weltenschauspiel und die Rolle des deutschen Volkes

Das Naturgeschehen ist ein Schauspiel, in dem die darin erscheinenden Dinge und Wesen, den Menschen eingeschlossen, die Schauspieler und die Bühne darstellen. Auf der Theaterbühne wie auch in der Natur strömen die Darsteller den Geist des Dichters bzw. ihres Schöpfers aus, was also nicht bedeutet, daß sie identisch mit ihm sind. Die Erscheinungen der Natur sind nicht die Gottheit selbst.

Der Blick hinter die Kulissen der Weltbühne ist uns zwar im allgemeinen verwehrt, aber wir können den Gang der Handlung des Weltenschauspiels, in dem wir Zuschauer und Schauspieler zugleich sind, hinsichtlich seines abgelaufenen Teils der Naturgeschichte und der Geschichte der Menschheit entnehmen. Wir müssen nur darin zu lesen verstehen. Den ungefähren weiteren Verlauf, wenigstens für die unmittelbare Zukunft, können wir in groben Zügen aus dem seitherigen erkennen, gerade so, wie der Astronom aus der seitherigen Bahn eines Gestirnes die zukünftige berechnen kann.

Wer sein Bild — hierzu gehören auch die Ideale der Jugendzeit — nicht verwirklicht, zieht sich mit der Zeit körperliche Mängel und seelische Belastungen zu, deren eigentliche Ursachen ihm meistens gar nicht bewußt sind und die später oft sehr schwer herauszufinden sind; wie überhaupt seelische und geistige Unterernährung, wie schon früher betont, Neurosen hervorruft, die ihrerseits wieder körperliche Störungen nach sich ziehen können, bezw. mit diesen Hand in Hand gehen. An dieser Verflechtung erkennt man, nebenbei gesagt, deutlich die innere Verwobenheit und den einheitlichen Aufbau von Leib, Seele und Geist, die eben alle Eigenschaften und Fähigkeiten der Gestalt „Mensch" sind.

Wir beobachten die schicksalhafte Verkettung von Ideal und Wirklichkeit auch im Völkerleben. So spielt z.B. das deutsche Volk seine Rolle im Weltenschauspiel schon lange, vor allem aber in den letzten Jahrzehnten, sehr schlecht, weil ihm, zum Teil als Folge zweier mörderischer Kriege, wirkliche Führer mit metaphysischem Fingerspitzengefühl fehlen.

Lange vor dem ersten Weltkrieg haben hervorragende Männer ihre warnende Stimme erhoben. Nach jenem Krieg war es vor allem der Physiologe und Ethiker, Professor Dr. Emil Abderhalden, der unermüdlich auf die kulturellen, sittlichen, sozialen und sonstigen gesellschaftlichen Mißstände, aber leider vergeblich, hinwies.

Die Folgen der Mißachtung der Ideale und Mahnungen solcher uneigennützigen Menschenfreunde zeigten sich an der äußerlichen Schicksalsgestaltung unseres Volkes. Es hat eben sein Bild, d.h. in diesem Fall die Ideale seiner Dichter und Denker, nicht hochgehalten bezw. nicht verwirklicht. Daran können auch die vielen Gedenkfeiern nichts ändern.

Hölderlin z.B., dessen leidenschaftlichen Kampf um die Erziehung unseres Volkes man der deutschen Jugend vor allem sonderbarerweise unterschlagen hat und auch heute noch unterschlägt, hat gefordert: „es muß sich alles verjüngen, es muß von Grund aus anders sein; ... nichts, auch das Kleinste, das Alltäglichste nicht, ohne den Geist und die Götter!"
Oder er hat festgestellt:

„Aber weh! es wandelt in Nacht, es wohnt, wie im Orkus,
Ohne Göttliches unser Geschlecht. Ans eigene Treiben
Sind sie geschmiedet allein, und sich in der tosenden Werkstatt
Höret jeglicher nur, und viel arbeiten die Wilden
Mit gewaltigem Arm, rastlos, doch immer und immer
Unfruchtbar, wie die Furien, bleibt die Mühe der Armen."

Das ist doch ein bedenkliches, aber treffendes Bild vom Treiben unseres Volkes in der damaligen Zeit wie in der folgenden und paßt leider ebenso gut in die heutige, mit der Ausnahme, daß nicht mehr so viel gearbeitet und dafür mehr dem Genuß gefrönt wird.

Man kann auch Schiller anführen, der in „Deutsche Größe" geschrieben hat: „Nach dem Höchsten soll der Deutsche streben, das ist die Natur und das Ideal! Er verkehrt mit dem Geist der Welten." Usw.

Leider sind solche und ähnliche Gedanken Ideal geblieben — ja nicht einmal das. Statt solchen Mahnungen und Forderungen zu folgen, ist unser Volk weiterhin militärischen Abenteuern und Machtkämpfen nachgegangen, die seine Substanz schwer angeschlagen und uns im letzten Krieg sogar die Einheit gekostet haben.

Was uns zuallererst nottut, ist Ruhe und Selbstbesinnung, um im anbrechenden neuen Zeitalter bestehen zu können. Aber leider hat unser Volk und seine neue Führung auch aus dem letzten schweren Schicksalsschlag noch nichts gelernt. Wehe aber dem Volk, das keine Ideale mehr besitzt! Es wird eine Beute anderer Völker. Ihm gilt der Satz: „Wer nicht kämpfen will, muß leiden oder untergehen." Wobei der Kampf als ein geistiger zu verstehen ist.

Man komme nicht mit dem Einwand: „Was hätten wir anders tun sollen als aufrüsten? Hätten wir uns neutral verhalten, wären wir über kurz oder lang doch eine Beute des Bolschewismus geworden!" — Wer so redet, übersieht, daß der zukünftige Verlauf der Geschichte hinsichtlich der bolschewistischen Gefahr nach dieser oder jener Richtung noch völlig offensteht. Er vergißt aber auch, daß es in der Geschichte der Völker wie im Schicksal des einzelnen etwas gibt, das Bismarck einst die Imponderabilien — das Unwägbare — genannt hat und das man im Religiösen den Willen der Vorsehung nennt. Er steht im Zusammenhang mit jener inneren Kausalität, von der ich schon gesprochen habe.

Es sind Tatsachen, daß, wer hoch steigt, auch tief fallen kann; daß der Energische gegebenenfalls auch energisch in die Irre geht, und daß, wer gründlich oder tüchtig ist — und diese Eigenschaft sagt man uns Deutschen nach —, es auch im Bösen ist. Es kann niemand bestreiten, daß wir, Politik beiseite gelassen, im letzten Weltkrieg unerhörte Opfer an Gut und Blut gebracht haben. Hätten wir diese Leistungen im Sinne Hölderlins etwa, also im Dienste des Geistes und der Ethik, vollbracht, hätte die Welt vielleicht — in aller Bescheidenheit gesagt; denn diese Worte sind mißbraucht worden — an uns genesen können; denn wir sind unbestritten das am meisten philosophisch begabte Volk der Neuzeit. (Es mag sein, daß dieser Vorrang heute gefährdet ist.) So aber sind aus unserem Volk heraus Greueltaten geschehen, die das deutsche Geschichtsbild auf lange Zeit hinaus verdunkeln.

Wie gesagt: auf geistigem Gebiet liegt unsere vornehmste Aufgabe. Ihre einwandfreie Bewältigung vermag uns die Achtung der Welt wiederzugewinnen.

In dem weltweiten Ringen zwischen dem Glauben der verschiedenen Religionen oder der Gläubigkeit überhaupt als These und dem Atheismus als Antithese im Sinne Hegels, zwischen Seelentiefe und Oberflächlichkeit oder zwischen Idealismus und Materialismus, könnte das deutsche Volk die Synthese, den Ausgleich, schaffen; denn nicht von ungefähr sind wir das europäische „Volk der Mitte". Solange aber unser Volk diesen geschichtlichen Auftrag nicht erkennt, wird es und die Welt nicht zur Ruhe kommen, einerlei, wer auch den Kranz im physikalisch-technischen Wettstreit des Atomzeitalters erringt; denn die Verhältnisse und die Zeit fordern diesen Ausgleich immer gebieterischer .

Dieser Ausgleich muß universalistisch alle Bereiche des Lebens erfassen, wiederum im Sinne Hölderlins, der in seinem „Empedokles" gefordert hat:

„Gesetz und Bräuch', der alten Götter Namen,
Vergeßt es kühn und hebt wie Neugeborene
Die Augen auf zur göttlichen Natur", usw.

Dann wird auch dem überall verbreiteten materialistischen und egoistischen Denken der Todesstoß versetzt. Aber ohne ein Eingehen auf die tiefschürfende asiatische, vor allem indische Gedankenwelt, die Wesentliches beizusteuern hat, wird die Synthese nicht gelingen. Was darunter zu verstehen ist, habe ich in den vorausgegangenen Abschnitten schon umrissen. Nicht zuletzt in der Geistestechnik können wir von den Indern manches lernen.

Das Versagen der abendländischen Völker im ganzen genommen in der einwandfreien Meisterung ihrer geschichtlichen Aufgabe und die Fehlschläge, die ihre geistigen — nicht die politischen! — Führer im Ringen um eine bessere Zukunft erlitten haben und weiterhin erleiden, fällen trotz vieler hohen Einzelleistungen ein vernichtendes Urteil über die Art und den Stoff der bisher geübten sittlich-religiösen Erziehung dieser Völker.

Vergessen wir nicht: die Entwicklung geht vom Materiellen und Unbewußt-Organischen zum Ideellen, Bewußten, Geistigen oder vom Erschaffenen zum Schaffenden. Das Geschöpf soll selbst Schöpfer werden!

Die Rollen im Weltenschauspiel sind unterschiedlich verteilt — bei den Völkern und bei den einzelnen Menschen. Jedermann hat seine besondere Lebensaufgabe, die ihm kein anderer vorleben und kein anderer abnehmen kann. Natürlich gibt es allgemein gültige Spielregeln wie die Sittengesetze, unter die jedermann grundsätzlich seine Lebensweise stellen soll — leider muß man dazusetzen „oder sollte" —; aber die Aufgabe, die jedem zugewiesen ist, muß er selbst erkennen und erledigen. Wie er seine Rolle dann spielt, liegt allein an ihm. Er muß sich stets bewußt sein, daß, wer den Lebenskampf nicht kämpfen will, leiden muß. Auch muß er sich vor Augen halten, daß er das erntet, was er sät — sei es im jetzigen, sei es im nächsten Leben —, und daß er immer wieder in Zustände hineingeboren werden kann, die er früher hat mitschaffen helfen oder durch Untätigkeit hat entstehen lassen; denn jeder ist nicht nur für sich, sondern auch für seine Mitmenschen verantwortlich, wie überhaupt das Leben auf Gegenseitigkeit sich aufbaut. Dies kann nicht oft genug betont werden.

Schopenhauer hat recht, wenn er erklärt, daß der Selbstmörder sein Ziel der endgültigen Selbstauslöschung nicht erreicht; denn um die Verantwortung für sein Verhalten gemäß dem Gesetz der Wiedervergeltung und Wiedergeburt kommt keiner herum.

Das Weltenschauspiel der Entwicklung geht in unabsehbare Zeiträume und zu unvorstellbaren Lebensformen und -möglichkeiten weiter. Auftritt und Abgang der einzelnen Mitspieler lösen einander unaufhörlich ab. Die Zensuren erteilt das Leben selbst, teils sofort, teils im nächsten Dasein. Wir stehen dauernd vor dem „Jüngsten Gericht", um einen biblischen Ausdruck zu gebrauchen. Jeder Augenblick entscheidet über den nächsten und jedermann knüpft mit seiner augenblicklichen Entscheidung am Schicksalsteppich der Menschheit mit. Versagen wir, entstehen Verstrickungen schuldhafter Art, wie die Geschichte und der Alltag zeigt. Trotz vielen Rückschlägen geht aber der Weg der Menschheit aufwärts. Allerdings wechseln Höhen und Tiefen miteinander ab. Die geringe Wandlung im menschlichen Charakter während einiger Tausend Jahre und der heutige Tiefstand des abendländischen Kulturkreises darf uns zu keinem voreiligen Urteil verführen. Die Weltgeschichte rechnet mit größeren Zeiträumen, als wir überblicken können.

Aus dem Tierdasein herausgetreten, schreitet die Menschheit vom instinktiven, unbewußten Handeln über das aus mangelnder Einsicht und Übung noch unreine Wollen zur allmählichen Vollkommenheit. Die Tatsache, daß der Kannibalismus abgeschafft ist, daß es keine Hexenverbrennungen und öffentliche Folterungen mehr gibt und daß überhaupt gegen jede Art von Grausamkeit und Ungerechtigkeit das Gewissen der Menschheit immer mehr, wenn auch nicht immer mit Erfolg, aufsteht, sowie die Schöpfungen der edelsten Geister in Dichtung, Kunst und Wissenschaft, deren Werke uns in so wunderbarer Weise über den Alltag zu erheben vermögen: dies alles läßt uns einen Aufstieg in eine schönere Zukunft erhoffen, so wie wir aus dem Dasein des Höhlenmenschen in das des heutigen Kulturmenschen mit seinen Bequemlichkeiten und kulturellen Möglichkeiten emporgestiegen sind.

Auch wer im Leben gestrauchelt ist, braucht nicht zu verzagen; denn er wird — ja, er muß — eines Tages im selben oder im nächsten Leben dem Aufstieg der anderen folgen. Dafür sorgt schon das überall erkennbare und wirkende Entwicklungsprinzip. Wir Menschen haben ja zweierlei Möglichkeiten, uns zu entfalten und der Vollkommenheit entgegenzustreben: entweder, indem wir den göttlichen Willen, d. i. in der Sprache Kants „das moralische Gesetz in uns", freiwillig erfüllen oder indem wir es auf dem Umweg über die Läuterung, d.h. durch Leid und Not zur Einsicht gebracht, tun; denn die Verantwortung ist uns nun einmal aufgebürdet. Deshalb ist auch das Verkehrteste, was ein Mensch tun kann: der Forderung des Augenblickes auszuweichen und sich dem Schicksal nicht zu stellen.

Einsicht in die Lebensgesetze beseitigt und verhindert Leid, und dort, wo man nicht oder noch nicht klar sieht, hilft gläubiges Vertrauen auf eine gerechte, weltordnende göttliche Macht auch über harte Schicksalsschläge hinwegzukommen.

Zufall oder Absicht?

Die Fachgelehrten streiten sich um das Geheimnis der Entwicklung bezw. der Weiterentwicklung von Leben. Sie sind noch uneins darüber, welches die ursächlichen Faktoren der stammesgeschichtlichen Entwicklung der Organismen sind. Es geht dabei um das Wesen des Entwicklungsfaktors, des dynamischen Prinzips schlechthin. Auf welcher Seite liegt die Aktivität zur Weiterentwicklung? Bei der Umwelt oder bei den Organismen, und wer oder was ruft sie hervor?

Wenn man der Ansicht ist, daß bei veränderten Umwelteinflüssen unter den Organismen sich jeweils einige Exemplare befinden, die „zufällig" — ich möchte hier einschalten: aber rechtzeitig — resistent, d.h. gegenüber den neuen Umwelteinflüssen widerstandsfähig bezw. auf sie abgestimmt sind, und daß die stammesgeschichtliche Entwicklung der Organismen *nicht* auf Grund einer innewohnenden, vererblichen Anpassungsfähigkeit an die Anrufe der Umwelt erfolgt, dann heißt eben die Gottheit, die solche anpassungsfähigen Mutationen rechtzeitig hervorgehen läßt und die aus der ursprünglich einfach aufgebauten kosmischen Welt mit ihren Sonnensystemen allmählich die äußerst differenzierte geistig-sittliche, kulturelle Welt des Menschen „zufällig" hat entstehen lassen: Zufall.

Hier fallen einem Nietzsches harte Worte über die Zufallstheorie ein: „... man huldigt von ganzem Herzen, wenn in einer so ernsten Angelegenheit ein scherzhafter Ausdruck erlaubt ist, dem Prinzip der größtmöglichen Dummheit." Und Schiller sagt zum Thema „Zufall": „Es gibt keinen Zufall, / Und was uns blindes Ungefähr nur dünkt, / Gerade das steigt aus den tiefsten Quellen."

Marie von Ebner-Eschenbachs Ansicht habe ich im Abschnitt über „Gottesbeweis, Kausalität und Prophetie" angeführt.

Das Ur wirkt nicht nur von außen her, d.h. kausal-mechanisch, sondern auch — wie wir an uns Menschen erfahren können — von innen her, über das Es. Zum Zustandekommen eines den Menschen betreffenden Zufalls bedarf es nämlich mindestens zweier Komponenten: des vom Menschen unabhängigen kausalen Geschehens, das auf ihn zukommt, und ferner seines eigenen Verhaltens in Bezug auf dieses Geschehen. Dieses Verhalten kann unbewußt erfolgen. Dabei ist die Möglichkeit eines unbewußten, innergöttlichen Eingreifens — eben durch das Es — gegeben, das der Mensch oft auch als solches empfindet. Dieselbe Möglichkeit besteht im gesamten kosmischen Geschehen; aber zu beweisen ist sie nicht. Man sollte meinen, daß, was in diesem Fall für den Menschen gilt, auch für die übrige Natur zutrifft, auch wenn der Vorgang selbst schwer zu begreifen ist. Ob diese Möglichkeit auch im rein physikalischen Bereich, wo das nachprüfbare Experiment und die offensichtlich rein mechanische Kausalität gilt, zutrifft — diese Frage mag doch lieber offenbleiben, solange die Durchbrechbarkeit der Naturgesetze nicht einwandfrei bewiesen ist. Vorerst, d.h. solange wir noch nicht klar sehen, besteht immer noch ein Unterschied zwischen der Kausalität im anorganischen und der im organischen Bereich, vor allem dort, wo sich Bewußtes und Unbewußtes — also im Menschen — berühren.

Einerlei, wo nun die Aktivität zur Weiterentwicklung der Organismen liegt — die Wahrheit dürfte in der Mitte liegen, derart, daß die Entwicklung durch eine Wechselwirkung zwischen Umwelt und Innenwelt vorangetrieben wird, weil beide aus demselben Urgrund hervorgegangen sind —, es ergibt sich im Verlauf der Entwicklung mit fortschreitender Differenzierung unbestreitbar ein zunehmendes Hinüberwechseln der mechanischen Aktivität des Unbelebten bezw. des Unbewußten zur bewußten Aktivität des Belebten, eine gewisse Befreiung von den kausalmechanischen Umwelteinflüssen und eine Hinwendung zur Freizügigkeit und inneren Freiheit sowie zur freiwilligen sittlichen Bindung des vollkommenen Menschen der Zukunft.

Alle Organismen bauen sich auf Grund der ihnen innewohnenden Dynamik auf. Aufbau bedeutet aber Verarbeitung bezw. Einverleibung von außen kommender Faktoren durch innere Aktivität als Reizbeantwortung von außen erfolgender Anrufe. Ohne eine solche innere Aktivität wäre eine organische Entwicklung nicht möglich.

Sowohl die angeblich zufälligen erbfesten Mutationen wie die verschiedenen Arten von Organismen und ihre bezweifelte erbfeste Anpassungsfähigkeit an die Einwirkungen der Umwelt sind auf jeden Fall Ausflüsse von Kräften der Natur. In der großen Welt der Gestirne wie in der kleinen Welt der Atome und der Organismen ist dieselbe Dynamik am Werk, so daß es letzten Endes um die Frage geht: Absicht oder Zufall? Glaube oder Unglaube?

Vielleicht drückt sich darin eine grundsätzlich gewollte Verhüllung des Göttlichen aus, daß es Theorie bleibt, ob die Mutationen von Umwelteinflüssen, inneren Faktoren oder von einer Wechselwirkung beider bewerkstelligt werden. Spielt die Natur oder zielt sie? Liegt dem Geschehen Zielstrebigkeit im Sinne der Entelechie des Aristoteles zugrunde? Immer wieder laufen die Untersuchungen und die Meinungen auf die Alternative hinaus: Zufall oder Absicht?

Die Entscheidung über diese Frage liegt aber nicht bei den Fachgelehrten als solchen, sondern ist Sache weltanschaulicher und erkenntnistheoretischer Überlegungen.

Wenn man weiß, daß im Leib des Menschen infolge des Stoffwechsels ein ständiger Auf- und Abbau der Zellen erfolgt, so daß sich nach einer gewissen Zeit der ganze Körper erneuert hat, ohne daß sich seine Gestalt geändert hätte — von der natürlichen, allmählichen Strukturwandlung abgesehen —, so ist man berechtigt, diese Vorgänge als die Verwirklichung einer zielbewußten, geistigen Idee und nicht als das Ergebnis dauernder Zufälle anzusehen. Auch ist es merkwürdig, daß, wenn die gesamte Entwicklung angeblich aus einer endlosen Reihe von Zufällen zusammengesetzt ist, die entwicklungsfördernden Zufälle die hemmenden überwiegen. Ist dies auch Zufall?

Auf Zufällen läßt sich auch keine Ethik aufbauen. Der Weg der Höherentwicklung des Menschen erfordert die Entfaltung seiner geistig-sittlichen Kräfte. Dazu bedarf es der bewußten Anstrengung. Durch Selbsterkenntnis und Menschenliebe, die in der polaren Spannung der geschlechtlichen Liebe verankert ist und dort, soweit sie rein ist, ihre natürliche Grundlage hat, führt der Weg zur Höhe.

Ich habe zu Beginn meiner Ausführungen schon erwähnt, daß der Gottesbeweis mit *zwingender* Beweiskraft nicht geführt werden kann. Religion — ich meine hier nicht kirchliche Dogmatik, sondern Religion im Sinne von Schillers Wortspiel: „Welche Religion ich bekenne? Keine von allen, die du mir nennst. — Und warum keine? Aus Religion", — diese Art von Religion ist in der Hauptsache Herzensangelegenheit und Sache des inneren Erlebens, der man mit dem Verstand allein nicht gerecht wird. Deshalb wird derjenige Wissenschaftler, welcher aus dem engen Gesichtswinkel seines Spezialfachs heraus urteilt, immer einseitig sein. An Hand von Forschungsergebnissen allein läßt sich das Göttliche weder beweisen noch leugnen. Auch wenn noch kein Anatom oder sonstiger Gelehrter das Leben oder den Geist gefunden hat, noch je finden wird, erleben wir sie doch. Und so verhält es sich auch mit der Schöpfermacht.

Der amerikanische Lebensphilosoph Ralph Waldo Trine schreibt in seinem weitverbreiteten Buch „In Harmonie mit dem Unendlichen": „Der Optimist hat recht, und der Pessimist hat recht." Der erstere sieht nämlich die Welt durch die sonnige Brille der Lebensbejahung, die ihn auch schwere Schicksalsschläge überwinden läßt, während der letztere alles durch die trübe Brille der Weltverneinung sieht und bei jedem Mißgeschick verzagt ausruft: „Ich habe es ja so kommen sehen." Auf ihre Art haben beide recht.

Ähnlich verhält es sich mit dem Glauben: der Gottesleugner verweist auf die Unzweckmäßigkeiten, scheinbaren Sinnwidrigkeiten und Übertreibungen hin, die in der Natur hin und wieder als Ausnahmen vorkommen, aber einen Sinn haben können und haben, dessen Erfassung eben nicht jedem Verstand gegeben ist, während der gläubige Mensch sich an dem Formenreichtum und der Schönheit und Großartigkeit der Natur ergötzt und auch in unangenehmen Lagen die ihm in die Augen springende Weisheit erkennend preist. Der Gläubige, der wachen Sinnes und singend durchs Leben geht, findet in seinem Dasein einen Sinn, während der Ungläubige häufig sich und seiner Umgebung das Leben schwer macht und letzten Endes unbefriedigt vom Leben abtritt. Ein treffendes Beispiel für die letztere Gattung bietet Theodor Storm, dessen Dasein und Werk von dem Gedanken überschattet war, daß mit dem Tod alles aus sei. Seine fast durchweg schwermütigen oder tragischen Schöpfungen strahlen eine erschütternde Hoffnungslosigkeit aus.

Immer wieder müssen wir uns vor Augen halten, daß wir das Wesen der Außenwelt mit unseren Sinnen nicht erfassen können und daß uns die Erscheinungswelt nur Symbol ist.

Die geheime „Erste Ursache" aller Bewegung wirkt auch weiterhin in der Welt; denn Entwicklung ist mehr als nur Bewegung: sie ist *zusätzliche* Bewegung nach einem bestimmten Ziel — also Absicht. Der Zufallsfanatiker sieht sie allerdings als ungerichtet an.

Die Ursache dieser Beschleunigung liegt im transzendenten Bereich.

Wie eine Maschine der ständigen Speisung durch eine Energiequelle bedarf, so bedarf auch der menschliche Organismus der Zufuhr zusätzlicher Energie. Die Nahrung allein ist diese Quelle nicht, obwohl sie den Organismus aufbauen hilft; denn ihre Zufuhr kann den späteren, allmählichen Abbau nicht verhindern. Es muß also eine dritte Kraft im Spiel sein, die sich aus geheimen Gründen allmählich zurückzieht.

Vom Sinn des Lebens

Sind die Vorgänge im Mineral- und Pflanzenreich noch kausal-mechanisch bedingt, so treten in den höheren Formen des Tierreichs neben einer gewissen Freizügigkeit Spuren von Willensfreiheit auf, die sich mit der fortschreitenden Entwicklung des Menschen immer mehr steigern und sicher mit der Zeit zu reiner Willensfreiheit und betonter Zielstrebigkeit führen werden. Gleichzeitig ist aus der augenscheinlichen Gleichförmigkeit der Atome der einzelnen Grundstoffe im Pflanzen- und Tierreich eine zunehmende Mannigfaltigkeit der Differenzierung und Individualisierung der Formen entstanden, die sich im Bereich des Menschen bis zur Arbeitsteilung und einmaligen Persönlichkeit gesteigert hat.

Überblicken wir das Geschehen in der Gesamtwirklichkeit, nämlich im Wechselspiel von Makrokosmos und Mikrokosmos und im Bereich des Übersinnlichen, soweit es sich uns erschließt, so erscheint uns trotz allem menschlichen Irren und obwohl heutzutage alles fragwürdig geworden ist, als Sinn des Lebens die Selbstoffenbarung des Göttlichen und seine Individuation, seine allmähliche Verpersönlichung im Menschen und in zukünftigen, aus dem Menschen hervorgehenden Lebensformen, die wir noch nicht übersehen — ein Bild, wie es schon der Dichter Friedrich von Hardenberg, genannt Novalis, gesehen hat, als er schrieb:

„Gott will Götter".

Dieser Sinn weist auf ein geistiges Überreich hin mit dem Ziel des Zusammenschlusses und der Rückversicherung aller Völker der Erde gegenüber Krieg, Krankheiten und wirtschaftlicher Not nach dem Grundsatz der gegenseitigen Hilfe und mit dem Ziel des gegenseitigen Austausches aller Kulturgüter — religiös ausgedrückt: *auf die Verwirklichung eines einheitlichen göttlichen Reiches in der Welt.*

Dieser Zusammenschluß soll aber keineswegs ein kunterbuntes Völkergemisch mit wahlloser Blutsvermischung bedeuten. Nein! — auch Völker sind Gedanken Gottes, wie einmal Herder gesagt hat. Jedes Volk soll in der Harmonie der Völker an dem ihm gewiesenen Platz stehen und wirken und seine Eigenheit bewahren. Nur auf diese Weise kann sich das Überreich organisch aufbauen. Wer eine Rassenvermischung befürwortet, handelt instinktlos. Eine Rassenkreuzung bedeutet beim Menschen einen ungeheuren Stoß in das mitgebrachte erbbiologische Gefüge der einzelnen Partner, die doch genetisch eine gänzlich verschiedene Entwicklung aufzuweisen haben, wie schon ihre äußere Gestalt aufweist. Aus einer solchen Verbindung können Menschen entstehen, die überall und doch nirgends zu Hause sind. Man kann gut mit anderen Völkern und Rassen leben, ohne sich mit ihnen biologisch zu vermischen.

Daß das Ur freiwillig den schweren, verantwortungsvollen Weg der individuellen Verkörperung und Selbstaufteilung angetreten hat, spricht für seine Erhabenheit. Warum es dies getan hat, wissen wir nicht. Ebensowenig wissen wir, zu welchen Formen, Fähigkeiten und Zuständen sich alles weiterentwickelt, ob es außer unserer Erde noch andere bewohnte Himmelskörper gibt und ob der Weg der Entwicklung ein einmaliger ist mit einem Anfang und einem Ende oder ein Auf und Ab in alle Ewigkeit.

Da der Zeitbegriff eine menschliche Angelegenheit ist, dürfte letztere Möglichkeit der Wahrheit am nächsten kommen. Aber wir können hierüber nur dichten und im übrigen vertrauend glauben. Vielleicht erfahren wir die Wahrheit später, wenn die Menschheit reifer geworden ist. Die Raupe weiß ja auch nicht im voraus, daß sie einst Schmetterling werden soll.

Eines wissen wir aber heute schon: daß unsere Entwicklung ungestört nur unter dem Zeichen der jahrtausendealten Gebote vor sich gehen kann, die da lauten:

„Erkenne dich selbst!"
und
„Liebet euch untereinander!",

einerlei, von wem sie zuerst ausgesprochen worden sind.

Wenn wir uns stets vor Augen halten, daß wir alle *eines* Geistes Kinder sind, und alles auf diesen einen Nenner bringen, gelangen die Dinge der Welt von selbst ins Gleichgewicht und ordnen sich harmonisch ein.

Aus der Tatsache, daß wir in einem Gesamtzusammenhang stehen, in dem alles und alle aufeinander angewiesen und voneinander abhängig sind, folgt die Verpflichtung zur gegenseitigen Verantwortung.

Die Dumpfheit und Verantwortungslosigkeit, mit der heutzutage die meisten Menschen in den Tag hineinleben, ist größer denn je. Alle Sorgen um die Zukunft will man auf den Staat oder andere Einrichtungen abwälzen. Man will bequem und risikolos leben. Das geht aber auf die Dauer nicht. Wer Rechte hat, hat auch Pflichten. Dessen sollte sich jeder bewußt sein.

Andererseits spielt der Staat unberechtigterweise Schicksal, wenn er allzusehr in die private Sphäre des einzelnen eingreift und seine Freiheit beeinträchtigt.

Die zur Führung der Massen Berufenen laden eine große Schuld auf sich, wenn sie dem Drang zum Versorgungsstaat nicht energisch entgegentreten oder ihm gar entgegenkommen.

Wer sich der Verantwortung für sich und seine Umwelt nicht bewußt ist, wird bei jedem Mißgeschick die Schuld zunächst überall nur nicht bei sich selbst suchen, und wer sich nicht einer höheren Macht verbunden weiß und verpflichtet fühlt, treibt steuerlos auf dem Meer des Lebens.

Wo der warme Quell der göttlichen Eingebung nicht mehr sprudelt bezw. sprudeln kann und nur noch das kalte Denken herrscht, geht mit der Zeit alles in krassem Egoismus und Materialismus unter.

Das Hineingeraten in ein tragisches Schicksal hängt von unserer Gesamthaltung ab; denn mit jedem Gedanken, mit jedem Tun und mit jedem Unterlassen schaffen wir Schicksal, wie wir auch damit am Schicksalsteppich der gesamten Menschheit mitwirken. Deshalb müssen wir ständig um rechte Erkenntnis ringen. Nur durch rechte Erkenntnis in Verbindung mit rechtem Handeln können wir uns höher entwickeln. Darin allein liegt die Möglichkeit unserer „Erlösung von allem Übel", nicht im Bemühen um Weltentsagung; denn unsere Aufgabe liegt in der gegenwärtigen Welt, nicht in einer nebelhaften jenseitigen.

Auch kann uns kein noch so hochstehendes Glaubensbekenntnis unsere Selbstverantwortung und die Verantwortung für unsere Umwelt abnehmen.

Schluß

Wem die angeführten Gedanken wirklich eingegangen sind, für den wird äußerlich zwar alles gleich geblieben sein; innerlich aber wird er ein anderes Verhältnis zu seiner Umwelt haben und er wird dem Sinn des Lebens, der, wie gesagt, auf Höherentwicklung und auf Individuation, d.h. auf Verpersönlichung des Göttlichen in dieser, unserer Welt hinzielt, ein Stück nähergekommen sein. Er wird aber auch erkennen, daß es unsere Aufgabe ist, was uns aus der Natur in allen möglichen Weisen und Formen entgegenströmt, individualisiert wieder auszustrahlen, Durchgang und Träger des Ewigen zu sein und von seinem Willen zu künden.

Dies ist aber nur möglich, wenn wir uns in zielbewußter und regelmäßig geübter Betrachtung und Versenkung und durch sittliche Haltung dem Göttlichen öffnen. Dann werden wir wirklich erleuchtet und auch heil gemacht.

Wenn wir in gemeinsamer Harmonie diese innere Haltung nach außen ausstrahlen, wird der Einbruch des Ungeistes aus der Welt geschafft, der durch Unerfahrenheit, Nichterkenntnis und Trägheit der Menschen in die Welt gekommen ist, und die Gewalt wird von der Liebe überwunden werden.

In dem indischen Heldengedicht „Bhagavadgîtâ unterweist Gott Krishna den Helden Ardjuna — der folgende Vers ist von Otto von Glasenapp übersetzt und von mir leicht abgewandelt worden — und sagt zu ihm u.a.:

„Wer stets bei seinem Tun nur meiner denkt im Leben,
Mich über alles liebt, sich ganz mir hingegeben,
Wer niemand haßt und wer an keinem Ding mag hangen,
Der wird in dieser Welt in sich zu mir gelangen." (Die letzte Zeile ist, wie gesagt, von mir abgewandelt worden.)

Ich möchte meine Ausführungen mit einer Stelle aus einer der altindischen philosophischen Schriften, der Isha-Upanishad, schließen, die damit einen der tiefsten Gedanken der Weltliteratur ausdrückt:

„Die geraten ins Dunkle, die sich nur mit der Erkenntnis des Endlichen beschäftigen; aber die geraten in ein noch größeres Dunkel, die sich nur mit der Erkenntnis des Unendlichen beschäftigen. Die geraten ins Dunkel, die nur nach dem Vergänglichen streben; aber die geraten in ein noch tieferes Dunkel, die nur nach dem Ewigen streben.

Wer da weiß, daß Vergängliches und Ewiges eins sind, der überschreitet den Abgrund des Todes."

Dr. med. Wilhelm Spengler, Bad Wörishofen

Glück und wahrer Reichtum durch
Kneipp-Lehre und Naturheilung

Das Lebensbuch für gesunde und kranke Tage
77. bis 86. Tausend
Mit vielen Bildern, Zeichnungen und Farbtafeln

650 Seiten – Ganzleinen DM 18,–

Es gibt wohl kaum eine Frage auf dem Gesamtgebiet der Medizin und dem Sondergebiet der Naturheilmethode Kneippscher Eigenart, die von Dr. Spengler nicht eingehend beantwortet würde: Gattenwahl, Eheleben, Vererbung, Schwangerschaft und Wochenbett, Säuglingspflege, Krankheiten bei Kindern und Erwachsenen, Nahrungs- und Genußmittel, Wohnung und Kleidung, Wasser- und Fastenkuren, Gesunderhaltung der Frau, Wechseljahre, Altern und Sterben.

Es ist von Anfang bis Ende ein Erlebnis, was jede Seite bestätigt, von innen heraus aus vollem Herzen geboren worden. Das Buch ist volkstümlich geschrieben, frei von allen vermeidbaren Fremdwörtern, ausgezeichnet und verständlich, so daß es sich liest „spannend wie ein Roman".

Als Ratgeber in gesunden und kranken Tagen hat es sich bis heute treulich bewährt und ist in vielen Familien der beste Freund des Hauses geworden.

**HEINRICH SCHWAB VERLAG
GELNHAUSEN**